Fluency Up Program

말더듬 아동을 위한

유창성 증진 프로그램

신명선 · 전희숙 · 김효정 · 장현진 공저

학지사

이 프로그램은 2010년 한국언어치료학회(정책과제 사업비) 지원을 받아 개발되었음.

머리말

말더듬 아동 중재에서의 어려움은 임상 현장에서 바로 적용할 수 있는 구체적이고, 체계적인 말더듬 치료 프로그램과 활동자료의 부족이라고 호소한다. 최근 유창성에 관한 저서들이 조금씩 출판되고 있으나 대체로 강의용 교재이며 임상이나 치료에 대한 내용을 실제적으로 다루고 있지는 못하다. 언어치료사들이 말더듬 중재에 대한 정보를 얻는 경로는 주로 교재, 연수나 워크숍과 같은 교육, 논문 등이다. 이러한 경로로 정보를 얻었더라도 실제 임상에 적용하기 위해서는 대상자에 맞게 재구성하여야 하며, 활동자료 등을 일일이 준비해야 하는 어려움이 있다.

이에 이 책에서는 말더듬 관련 문헌을 토대로 임상 현장의 요구를 반영하여 유창성 증진 프로그램의 방향을 설정하였다. 학령전기 말더듬 아동의 경우 내면적 특성보다 행동적인 특성이 강하게 나타나므로 주로 행동 변화에 치료의 초점을 두었다. 학령전기 아동의 유창성에 영향을 미칠 수 있는 부모, 환경, 유창성 증진 기법, 중재단계 등을 고려하여 '말더듬 아동을 위한 유창성 증진(Fluency Up: FU) 프로그램'과 말더듬 아동에게 쉽게 적용할 수 있도록 각 단계마다 목표에 해당하는 활동내용과 활동자료를 개발하였다.

이 프로그램의 세부 특징은 다음과 같다.

1. 말더듬의 심한 정도에 따라 적절한 중재단계를 제공한다

경도 및 중도 아동 모두 간접치료와 직접치료 방법을 적용하여 치료과정을 5단계로 구성하였다. 그러나 말더듬 정도에 따라 직접치료 방법에서 차이를 두었다. 사전검사 결과 경도 말더듬의 경우는 중재 1단계, 2단계, 3단계를 적용하고, 중도 말더듬의 경우는 추가적으로 4단계와 5단계를 실시할 수 있다. 중도 말더듬 아동의 경우는 유창성 훈련을 더욱 집중적으로 실시하도록 하였다. 1단계는 부모-아동 간의 상호작용에 초점을 두었고, 2단계에서 5단계까지는 직접적인 유창성 훈련을 하도록 하는 단계로, 말더듬 특성에 따라 단계의 순서는 조정하여 적용할 수 있다.

[그림] FU 프로그램의 적용

각 중재단계별 특성을 살펴보면 다음과 같다. 1단계는 부모-아동 간 상호작용의 변화를 유도하는 단계로, 부모 등의 보호자를 상대로 활동을 실시한다. 유창성을 향상시키기 위한 2단계는 말하기 패턴 조절 단계로, 말의 속도와 음도 및 강도 등을 조절할 수 있도록 한다. 3단계는 말하기 시작 조절 단계로, 발화를 시작할 때 부드럽게 말하도록 바운싱, 스트레칭, 가벼운 접촉 등의 방법을 적용하였다. 이 기법을 아동이 이해하기 쉽게 '통통말하기', '쭈욱말하기', '살살말하기'라는 용어로 사용하였다. 4단계와 5단계는 중도 말더듬 아동을 위한 단계로, 말더듬 순간 말더듬 단어를 조절하는 훈련을 하는 단계이다. 4단계는 말더듬 확인 단계로 말더듬을 판별하는 훈련을 하며, 5단계는 말더듬 수정 단계로 말더듬 순간에 멈추고 다시 부드럽게 말하는 훈련을 한다.

2. 한국 말더듬 아동에게 적합한 활동내용과 활동자료를 제공한다

국내 말더듬 아동들을 대상으로 현장에서 바로 적용할 수 있는 중재 프로그램과 워크북 등의 자료가 전무한 실정이다. 국외에서 사용된 치료 프로그램을 국내 대상자에게 적용하려면 중재기법에 대한 설명은 있지만 중재활동을 이끄는 자료들은 개별적으로 준비하여야 한다. 문화에 따라 아동용 그림, 언어 차이 및 대화 주제 등이 다양하기 때문이다. 따라서 이 프로그램에서는 각 단계별로 말더듬 아동에게 발화를 유도하고 기법을 적용하기 위한 활동의 예를 제시함으로써 현장에 있는 언어치료사뿐만 아니라 학생 임상가도 쉽게 접근할 수 있도록 하였다. 실제 말더듬 중재를 하는 전문가들의 자문을 통하여 활동자료의 그림은 아동이 좋아하는 그림들로 구성하였고, 말하기 기법과 관련된 용어는 아동에게 친근하고 쉽게 이해될 수 있는 것으로 사용하였다. 학교, 병원, 재활기관, 사설센터, 장애전문어린이집 등에서 광범위하게 활용될 수 있다.

3. 체계적인 말더듬 중재 이정표를 제공한다

말더듬 아동 중재는 오랫동안 말을 더듬어 온 성인과는 그 접근방법이 다르다. 말더듬 아동의 경우 성인들과 달리 말더듬 발달과정의 초기단계인 경우가 많고, 말더듬으로 인한 부정적인 정서나 인지적 특성이 비교적 적게 나타난다. 그러므로 말더듬 아동 치료에서는 내면적인 특성보다 겉으로 드러나는 비유창한 말에 초점을 두고 접근하는 경우가 많다. 그리고 대상 아동에 따라 기법의 적용 또한 달라지는데, 말더듬 수정 기법을 적용할 수도 있다. 이 프로그램은 이러한 말더듬 아동의 특성에 따른 중재 이정표를 제공한다.

4. 아동의 말더듬 행동특성에 따라 중재단계를 유연하게 적용할 수 있다

말더듬 아동마다의 주된 말더듬 행동 특성에 따라 주변의 언어 환경을 변화시켜 주는 간접치료 방법을 적용할 수도 있고, 부드럽고 유창하게 말하도록 직접적으로 훈련하는 방법을 적용할 수도 있다. 직접치료 방법에서도 말하는 패턴을 바꾸어 긴장되지 않고 부드럽게 이어서 말하도록 하기도 하며, 말더듬 순간 말더듬을 판별하여 유창하게 말하도록 하는 방법을 적용하기도 한다.

막힘이 주로 나타나는 아동은 지나치게 긴장하여 발화를 시작조차 하기 어렵다. 호흡 및 발성의 정지가 나타나는 아동은 발화의 시작에 초점을 두고 훈련하여야 한다. 그래서 3단계와 2단계의 순서를 바꾸어 적용할 수 있다. 이때 적용할 수 있는 말하기 시작 조절 기법들은 이 프로그램의 3단계에 제시하고 있으며 각 아동에게 적절한 기법을 선택하여 적용할 수 있다. 3단계 중재를 하는 과정에서 주된 말더듬 형태가 막힘에서 연장, 반복 등으로 변화될 수 있다. 이것은 훈련을 통해 발화를 시작할 수는 있게 되었지만 유창한 화자처럼 철저히 이완하지 못하였을 때 나타나는 증상일 수 있다. 보호자들은 말더듬의 빈도가 증가한 것에 놀라 말더듬이 악화된 것으로 오해할 수 있다. 이때 보호자에게 말더듬의 심한 정도를 평가하는 데 빈도와 함께 형태도 중요한 변수임을 상담해 주어야 한다.

단어부분반복이나 연장이 주로 나타나는 아동은 비록 긴장이 나타난 발화이지만 말을 시작할 수는 있다. 막힘이 주로 나타나는 아동보다는 덜 긴장한 것이다. 이런 경우는 이완하여 말을 시작하는 것과 함께 계속적으로 말이 흘러나오도록 훈련할 수 있다. 즉, 2단계의 말하기 패턴 조절 기법들 중 아동에게 효과적인 방법을 찾아 적용할 수 있으며, 물론 3단계도 적용할 수 있다.

유창성 향상 기법 적용 후 말더듬이 남아 있는 아동의 경우 말더듬 수정 기법을 적용할 수 있다. 2, 3단계 중재 이후 그 전의 투쟁이나 막힘 정도로 긴장하여 말하지는 않지만 말더듬이 남아 있을 수 있다. 이러한 경우 말더듬 수정법에서 적용된 멈춤과 교정(Stop & Go) 기법을 훈련하여 좀 더 숙달된 조절유창성을 습득하도록 하였다.

말더듬 아동을 위한 유창성 증진 프로그램[Fluency Up(FU) 프로그램]이 말더듬 아동 중재에 실질적인 도움이 되기를 기대한다.

저자 일동

차례

4장 말더듬 확인 단계 • 129

5장 말더듬 수정 단계 • 149

1장

부모-아동 상호작용

1단계

부모-아동 상호작용

[단계 목표]

이 단계는 경계선급 말더듬 아동이나 자신의 말더듬을 인식하지 못하는 초기 말더듬 아동에게 언어 환경의 변화로 유창성을 증진시키는 것이 목표이다. 부모나 주 양육자는 말더듬 아동의 유창성에 많은 영향을 미칠 수 있다. 따라서 이 단계에서 치료사는 말더듬 아동의 부모에게 말과 말더듬에 대한 정보를 수집하고 정보를 제공한다. 치료사는 부모-아동 간 상호작용 특성을 파악하고, 부모에게 적절한 구어 속도와 쉼으로 말하기, 아동의 말에 긍정적으로 반응하는 방법을 제공한다. 또한 부모가 새롭게 습득한 상호작용 방법을 일상생활에 적용하게 한다.

[단계 구성]

- 말더듬에 대한 정보 수집 및 정보 제공
- 부모-아동 간 상호작용 특성 파악
- 상호작용 지침 안내
- 적절한 속도 읽기, 혼자말하기, 대화하기
- 적절하게 쉬면서 대화하기
- 긍정적 반응하기
- 새로운 방법으로 상호작용하기
- 새로운 상호작용 방법을 일상생활에 적용하기

[활용 방법]

말더듬 아동의 부모가 자녀와의 상호작용을 어떻게 하고 있는지 확인하는 것부터 시작하게 된다. 부모-아동 상호작용 분석지를 활용하여 부모 및 주 양육자 자신의 상호작용 특성을 확인할 수 있도록 진행한다. 부모가 확인한 상호작용 특성을 바탕으로 부모의 말 속도가 빠르다면 구어 속도를 조절할 수 있는 읽기자료, 독백 주제, 대화 주제를 활용하여 활동을 진행할 수 있다. 부모가 쉼 없는 대화를 하는 경우에, 활동할 수 있도록 제시된 주제별 질문들을 활용하여 치료를 진행한다. 또한 활동자료에 제시한 긍정적 반응과 부정적 반응의 예시를 바탕으로 부모가 아동에게 긍정적인 반응을 할 수 있도록 한다. 치료사는 활동에 적용한 상호작용 방법(느린 속도, 적절한 쉼, 긍정적 반응)을 부모나 주 양육자가 일상생활에 적용하게 하며, 궁극적으로 아동이 유창한 화자가 되도록 돕는다.

1-1 말과 말더듬에 대한 정보 수집

목표

치료사는 말더듬 아동의 부모에게 말과 말더듬에 대한 정보를 수집할 수 있다.

활동내용

- 치료사는 아동의 말과 말더듬에 대해서 정보를 수집하기 위한 질문을 미리 숙지한다.
- 부모를 대상으로 말더듬의 원인, 발생 시기, 증상, 진행, 부모의 반응 방법 등에 대한 정보를 수집한다.
- 정보를 충분히 수집한 후 다음 단계로 넘어간다.

활동자료

[사전정보수집]

1. 가족 중에 말을 더듬는 사람이 있나요?
2. ○○이가 언제부터 말을 더듬기 시작했어요?
3. 처음 말더듬을 인지한 사람은 누구인가요?
4. 어떤 상황에서 말더듬을 인지하였나요?
5. 아동의 말더듬은 어떻게 진행되고 있나요, 더 심해지고 있나요, 덜해지고 있나요?
6. ○○이가 어떻게 말을 더듬나요?
7. 말더듬을 회피하려는 행동이 나타나나요?
8. 아동의 말더듬에 대해 어떻게 반응하고 있나요?
9. 말더듬으로 인해 스트레스를 받고 있나요?
10. ○○이가 왜 말을 더듬는다고 생각하세요?

1-2 말과 말더듬에 대한 정보 제공

목표

치료사는 말더듬 아동 부모에게 말과 말더듬에 대한 정보를 제공할 수 있다.

활동내용

- 치료사는 '요구-용량 모델', '상호작용이론', '언어발달요인', '학습이론', '가계력', '환경적 요인' 등과 같은 말더듬 원인에 대한 정보를 제공한다.
- 말더듬의 진행에 대하여 활동자료를 제시하면서 설명한다.
- 부모가 궁금해하는 부분에 대해서 정보를 제공한다.
- 부모가 말과 말더듬에 대하여 충분히 이해하면, 다음 단계로 넘어간다.

활동자료

말더듬에 영향을 미치는 요인

요구-용량 모델
아동의 말과 언어능력에 비해 외적 혹은 내적 의사소통 요구가 더 클 때 말더듬이 발생할 수 있습니다.

상호작용이론
아동의 비유창성 정도, 비유창성에 대한 부모의 민감성, 부모 평가와 자신의 비유창성에 대한 아동의 민감성이 작용하여 말더듬이 발생할 수 있습니다.

언어발달요인
2~4세는 언어가 급격히 발달하는 시기로 수용(이해) 언어보다 표현(산출) 언어 능력이 부족합니다. 이러한 시기에는 정상적 비유창성이 발생할 수 있습니다.

학습이론
부모나 성인이 아동의 비유창한 행동에 관심을 보일 때, 관심이 강화로 작용하여 비유창한 행동이 증가할 수 있습니다.

가계력
가족이나 친척 중에 말을 더듬는 사람이 있을 경우, 유전적 또는 환경적 요인으로 말을 더듬을 가능성이 높습니다.

환경적 요인
아동을 둘러싼 환경적 스트레스(이사, 동생의 출생, 가정불화 등)가 비유창성을 증가시킬 수 있습니다.

말더듬의 진행 경로

정상 비유창성
- 100 낱말당 10개 미만의 비유창성
- 단위반복수가 1~2회
- 삽입, 수정, 낱말반복

경계선 말더듬
- 100 낱말당 10개 이상의 비유창성
- 단위반복수가 2회 이상
- 긴장 없는 반복, 연장

초기 말더듬
- 근육의 긴장, 불규칙하고 빠른 반복
- 반복과 연장에 긴장이 나타남
- 도피행동(눈깜빡임 등)
- 말더듬 자각

중간급 말더듬
- 막힘이 많음
- 도피행동 많음
- 회피행동 출현
- 부정적 감정 증가

심화된 말더듬
- 경련이 수반된 막힘
- 회피행동 많음
- 공포, 당황, 수치심이 강함
- 부정적인 자아상

1-3 '부모-아동' 간 상호작용 특성 파악

목표

부모는 '부모-아동' 간 상호작용 특성을 파악할 수 있다.

활동내용

- 치료사는 부모와 아동 간 상호작용활동(그림 자료, 사진, 자유놀이 등)을 10~15분 정도 녹화한다.
- 치료사는 분석지를 이용하여 상호작용 특성을 5점 척도로 분석한다.
- 치료사는 부모와 녹화된 영상을 보고, 부모가 자신의 말하는 방식에 대해 어떻게 생각하는지 이야기를 나눈다.
- 부모가 자신의 상호작용 방식에 변화가 필요하다는 것을 인식한다면 다음 단계로 넘어간다.

활동자료

[부모-아동 상호작용 특성 분석지]

	1 매우 그렇다	2 그렇다	3 보통이다	4 그렇지 않다	5 전혀 그렇지 않다
1. 아동의 말을 적극적으로 경청한다.					
2. 아동과 말을 할 때 말 속도가 느리다.					
3. 아동의 말을 끝까지 듣고 말을 한다.					
4. 아동에 말에 긍정적으로 반응한다.					
5. 아동과 말을 할 때 간단하고 쉬운 문장을 사용한다.					

1-4 상호작용 방법 안내

목표

부모는 '부모-아동' 상호작용 방법을 파악할 수 있다.

활동내용

- 치료사는 부모-아동 상호작용 특성을 바탕으로 상호작용 방법을 제공하고 이해하기 쉽게 설명한다.
- 상호작용 방법 중 부모에게 해당하는 내용을 강조하여 설명한다.
- 부모가 상호작용 방법을 이해하고, 개선 방향을 설명한다면 다음 단계로 넘어간다.

활동자료

부모-아동 상호작용 지침

말의 속도를 느리게 해 주세요.

부모의 빠른 구어 속도는 아동에게 의사소통의 압박감을 줄 수 있습니다. 가족끼리 대화할 때 느리게 말을 하는 것은 아동이 편안하게 말을 하도록 돕는 것입니다.

충분한 쉼을 가져 주세요.

대화를 할 때 아동의 말이 끝난 후 1~2초 뒤에 말을 시작하도록 합니다. 이런 규칙을 가지고 대화를 진행하면, 서로 끼어들거나 방해하는 것을 막을 수 있습니다.

긍정적인 말로 답해 주세요.

아동이 하는 말과 행동에 대해 가능한 한 긍정적이고 수용적인 말로 답해 주세요. 어쩔 수 없이 부정적인 답을 해야 하더라도 비판적인 말투를 사용하지 않는 것이 좋습니다.

가능한 한 쉬운 말로 질문해 주세요.

아동에게 부담이 될 수 있는 주제에 대해 질문을 지나치게 많이 한다거나, 아동의 수준을 넘어서는 복잡한 어휘나 문장으로 질문하는 것은 줄이는 것이 좋습니다.

아동의 말을 적극적으로 경청해 주세요.

아동이 자신이 말하는 내용을 부모가 적극적으로 듣고 있다는 느낌을 갖고 있다는 것이 중요합니다. 하루에 일정한 시간을 정해 놓고, 부모가 아동의 이야기를 듣는 시간을 갖도록 합니다. 이 시간에는 무언가를 제안하거나, 지시 혹은 요구를 하는 등 아동의 말에 끼어들지 않아야 합니다.

1-5 적절한 속도로 읽기

목표

부모는 속도를 조절하여 읽을 수 있다.

활동내용

- 치료사는 아동에게 느린 속도로 말하는 것이 중요하다는 것을 설명한다.
- 치료사는 부모에게 세 가지(분당 60음절, 분당 120음절, 분당 180음절) 구어 속도로 읽는 시범을 보여 준다.
- 부모는 치료사의 시범을 보고 1초에 한 음절의 속도로 읽기자료 1을 읽는다(분당 60음절).
- 부모는 치료사의 시범을 보고 1초에 2음절의 속도로 읽기자료 2를 읽는다(분당 120음절).
- 부모는 분당 180음절 정도의 속도로 읽는다.
- 부모가 말 속도를 조절하여 읽을 수 있으면 다음 단계로 넘어간다.

활동자료

[읽기자료]

번호	속도	읽기자료
1	60SPM	물 맑은 산골에 인심 좋은 할아버지와 할머니가 살았습니다. "이젠 늙어서 나무 한 짐 하기도 힘이 드는군." 할아버지는 늙어 가는 것이 속상했어요. "에그, 아들이 있으면 고된 일을 대신해 줄 텐데……." 할머니는 남들처럼 아들딸이 없는 게 서러웠답니다. 그럴수록 할아버지와 할머니는 서로 위해 주며 더욱 사이좋게 지냈지요. (125음절)
2	120SPM	옛날 어느 산속에 호랑이 한 마리가 살고 있었어요. 이 호랑이는 늘 자기가 최고라고 뽐내고 다녔답니다. "어흥, 나는 숲속의 왕이다! 나보다 더 힘센 놈 있으면 나와 봐!" 호랑이는 으스대며 다른 동물들을 못살게 굴었어요. 사슴을 쫓아가 밀어 넘어뜨리기도 하고 괜히 으르렁 거려 토끼를 겁 주기도 했지요. (118음절)
3	180SPM	어느 머나먼 왕국에 아들 셋을 둔 위대한 황제가 살았습니다. 세 아들이 장가들 나이가 되자, 황제가 아들 셋을 불러다 놓고 말했지요. "열 사람 몫의 힘을 내서 활사위를 당겨라. 러시아 한 가운데를 향해서 있는 힘껏 화살을 쏘아라. 화살을 찾아낸 아가씨가 누구든지 간에 너희들의 신부로 삼을 것이다." (117음절)

1-6 적절한 속도로 혼자 말하기

목표

부모는 적절한 속도로 혼자 말할 수 있다.

활동내용

- 치료사는 분당 180음절 속도로 혼자 말하는 시범을 보여 준다.
- 부모는 분당 180음절 정도의 속도로 혼자 말한다.
- 부모가 위의 속도로 5분 동안 혼자 말할 수 있으면 다음 단계로 넘어간다.

활동자료

말하기 주제

- 하루 일과
- 마트 이야기
- 운동
- 가족여행
- 어린 시절
- 물건 고르는 방법
- 건강을 위한 습관
- 학교 및 학원 교육
- 재테크
- 스마트폰 활용

1-7 적절한 속도로 대화하기

목표

부모는 적절한 속도로 아동과 대화할 수 있다.

활동내용

- 치료사는 분당 180음절 속도로 대화하는 시범을 보여 준다.
- 부모는 치료사와 분당 180음절 정도의 속도로 대화한다.
- 부모는 아동과 분당 180음절 정도의 속도로 대화한다.
- 부모가 아동과 5분 동안 위의 속도로 대화하면 다음 단계로 넘어간다.

활동자료

[대화 주제, 메트로놈]

대화 주제

좋아하는 운동	최근에 읽은 책
요리	일상생활
사회범죄	조기영어교육
재테크	대중교통
꿈	관심사

1-8 적절하게 쉬면서 대화하기

목표

부모는 적절하게 쉬면서 아동과 대화할 수 있다.

활동내용

- 치료사는 부모에게 충분한 쉼을 갖고 대화하는 방법에 대해 설명한다.
- 부모는 활동자료를 보면서 상대방의 말이 끝난 다음 1초 뒤에 말을 시작하는 연습을 한다.
- 부모는 활동자료가 없는 상황에서 상대방의 말이 끝난 다음 1초 뒤에 말을 시작하는 연습을 한다.
- 부모가 치료사와 대화를 나누는 동안에 적절하게 쉬면서 말을 하는 것을 수행하면 다음 단계로 간다.

활동자료

〈상황 1〉 첫 만남

질문 안녕하세요? 저는 ○○○입니다. 성함은요?

질문 저는 수성구에 삽니다. 어디에 사세요?

질문 저는 음식 중에서 김치찌개를 좋아합니다. 어떤 음식을 좋아하세요?

질문 제 취미는 ○○입니다. 취미는 무엇입니까?

질문 저는 주중에는 6시에 일어납니다. 몇 시쯤 일어나세요?

질문 저에게 궁금한 점이 있으십니까?

〈상황 2〉 일상생활

질문 저는 주로 동네 시장을 갑니다. 장을 보러 어디로 가시나요?

질문 저는 시장에서 주로 과일과 채소를 삽니다. 무엇을 주로 사시나요?

질문 저는 1주일에 한 번씩 시장을 봅니다. 시장은 보는 기간은 주로 며칠에 한 번씩 보시나요?

질문 마트에서도 때때로 장을 봅니다. 마트에서도 장을 보시나요?

질문 시장에서는 신선한 채소를 살 수 있는 점이 장점입니다. 마트의 장점은 무엇일까요?

질문 시장에서는 공산품을 살 수 없는 것이 단점입니다. 마트에서의 단점은 무엇일까요?

〈상황 3〉 여행

질문 저는 여행을 참 좋아합니다. 여행을 좋아하시나요?

질문 제게 가장 좋았던 여행지는 경주였어요. 어느 여행지가 제일 좋았어요?

질문 처음으로 본인 스스로 여행을 떠났던 경험은 언제였어요?

질문 여행은 어디를 가는지도 중요하지만, 누구와 가는지도 중요하다고 해요. 누구와 갔던 여행이 가장 좋았나요?

질문 여행지를 결정하는 것은 어떤 기준으로 하시나요?

질문 가장 최근에 다녀왔던 여행은 언제인가요?

질문 자녀에게 가장 보여 주고 싶으신 곳은 어디신가요?

1-9 긍정적인 반응하기

목표

부모는 아동과의 대화에서 긍정적으로 반응할 수 있다.

활동내용

- 부모가 아동의 말에 반응하는 방법에 대해 이야기를 나눈다.
- 치료사는 부모와의 대화 중에 긍정적으로 반응하는 시범을 보여 준다.
- 부모와 아동의 말에 대한 부정적인 반응과 긍정적인 반응의 예시에 대해 이야기를 나눈다.
- 부모가 실제 아동의 말에 대해 부정적인 반응을 하는 리스트를 작성한다.
- 치료사와 대화할 때 부모는 긍정적 반응/부드러운 어조를 이용해서 반응한다.
- 치료사는 부모와 아동이 자연스러운 상황에서 놀이 활동을 하는 것을 제공하고, 토의한다.
- 부모가 대화를 나누는 동안에 긍정적으로 반응하면 다음 단계로 간다.

활동자료

	긍정적인 반응	부정적인 반응
예시	• 고개를 끄덕인다. • 환하게 미소를 짓는다. • 응, 그래! • 잘했어! • 최고야! • 좋아. • 그렇게 했구나!	• 얼굴을 찡그린다. • 딱딱하게 굳어진 표정을 짓는다. • 그게 아니야! • 다시 해 봐. • 그것밖에 못해? • 천천히 해 봐.
실제		

1-10 새로운 방법으로 상호작용하기

목표

부모가 새로운 방법(느린 속도, 쉼, 긍정적 반응)으로 아동과 상호작용하게 한다.

활동내용

- 치료사는 부모에게 활동자료를 제시하고 다양한 질문의 유형을 설명한다.
- 치료사는 대화에서 사용하는 예/아니요 질문을 하는 모습을 보이고 연습을 시킨다.
- 치료사는 대화에서 사용하는 단답형 질문을 하는 모습을 보이고 연습을 시킨다.
- 치료사는 대화에서 사용하는 개방형 질문을 하는 모습을 보이고 연습을 시킨다.
- 치료사는 부모가 쉬운 질문을 적절하게 사용하면 다음 단계로 넘어간다.

활동자료

[질문 예시]

질문의 유형	질문의 예시	
예/아니요 질문	• 아이스크림이 뜨거워요? 차가워요? • 아이스크림이 딱딱해요? 부드러워요? • 아이스크림이 달콤해요? 짜요?	
단답형 질문	• 이것은 무엇입니까? • 이것은 어디서 사요? • 언제 밥을 먹었나요? • 가방에 무엇을 넣어야 할까요?	• 이것은 어디에 있어요? • 누가 가방을 들었나요? • 어디서 공부를 하나요?
개방형 질문	• 이것은 어떻게 열까요? • 왜 가방이 무거울까요? • 연필은 무엇을 하는 것인지 설명해 주세요. • 가방은 무엇을 하는 것인지 설명해 주세요.	

1-11 새로운 상호작용 방법을 일상생활에 적용하기

목표

부모가 새로운 상호작용 방법(느린 속도, 쉼, 쉬운 질문, 긍정적 반응)을 일상생활에 적용할 수 있다.

활동내용

- 부모에게 말하는 방법을 바꾸는 것이 어려우므로, 새로운 상호작용 방법(느린 속도, 쉼, 쉬운 질문, 긍정적 반응)을 가정에서 매일 연습하는 것이 필요하다는 것을 인식시킨다.
- 부모가 가정에서 아동과 대화할 수 있는 상황과 시간을 정하게 한다.
- 부모는 새로운 상호작용 방법으로 아동과 대화하기를 실시하고 이를 녹화한다.
- 부모는 치료사의 도움을 받아 새로운 상호작용 방법을 적절히 사용하였는지 스스로 평가한다.
- 부모가 가정에서 다양한 상황을 정해서 새로운 상호작용 방법을 적용할 수 있도록 과제를 제시하고 수행하게 한다.

활동자료

[부모-아동 상호작용 스케줄 표]

시간 정하기	가정에서 대화할 수 있는 상황	수행 여부	속도	쉼	쉬운 질문	긍정적 반응
9시	아침 식사 시간					
10시						
11시						
12시						
13시						
14시						
15시						
16시						
17시						
18시						
19시						
20시						

2장

말하기 패턴 조절 단계

2단계 말하기 패턴 조절 단계

[단계 목표]

말하는 패턴을 바꿀 때 구어 운동 조절과 언어 조합에 대한 요구, 의사소통 스트레스 등이 감소되고 말더듬이 감소된다. 그러므로 이 단계에서는 말의 속도(느리게/빠르게), 강도(작게/크게) 및 음도(낮게/높게) 등을 조절하는 능력을 기르도록 하였다. 대상자에 따라 속도, 강도, 음도 중 한 개 이상을 선택하여 적용할 수 있다. 느리게/빠르게 말하기, 작게/크게 말하기, 낮게/높게 말하기를 숙련되게 사용할 수 있도록 단어, 문장, 복문, 대화 등의 순서로 구성하였다. 그리고 말할 때 눈을 맞추며 말하도록 의사소통 태도에 대한 연습을 한다.

말더듬 아동 중 특히 발화 첫 부분이 막혀서 전혀 말을 시작할 수 없는 경우는 3단계 활동을 먼저 실시한다. 3단계의 말하기 시작 조절 능력을 획득하여 더 이상 말더듬이 나타나지 않는다면 이 단계를 수행하지 않아도 된다.

[단계 구성]

- 느리게 말하기-단어, 문장, 복문, 대화
- 빠르게 말하기-단어, 문장, 복문, 대화
- 작게/크게 말하기-단어, 문장, 복문, 대화
- 낮게/높게 말하기-단어, 문장, 복문, 대화
- 바람직한 대화 태도-바람직한 눈 맞추기 이해, 판별, 수행

[활용 방법]

이 단계에서는 수의적으로 속도, 강도 및 음도를 조절하는 연습을 한다. 속도 조절만 연습할 수도 있고 강도나 음도 조절까지 적용할 수도 있다.

속도를 느리게 조절하는 방법에는 모든 음절을 느리게 말하기, 어절 사이를 느리게 말하기, 말을 시작할 때 처음 몇 개의 음소 혹은 음절을 느리게 말하기 등이 있다. 이 프로그램에서는 가장 많이 사용하는 모든 음소를 느리게 말하는 방법을 적용하였다. 느린 속도는 대상자의 조절 능력에 따라 많이 혹은 조금 느리게 조절한다. 빠른 속도는 느린 속도에 비하여 빠른 것으로, 대상자에 따라 정상적인 속도 정도를 빠른 속도로 할 수 있다.

강도는 음성의 크기를 작게 혹은 크게 말하도록 하는 것이다. 작은 소리로 말할 때 한숨 쉬듯이 말하지 않도록 유의한다. 이럴 경우 발화가 짧아지고 부적절한 위치에서 숨을 쉬게 되며 결국 일상생활에서 사용하기 어려운 발화가 될 수 있다. 크게 말할 때 성도에 지나친 긴장이 나타나지 않도록 유의한다. 공명을 이용하여 강도를 조절할 수도 있다. 음도를 조절하는 방법은 아빠 혹은 엄마 등의 역할 놀이를 이용하여 연습할 수 있다. 높낮이의 정도는 성별, 연령 등을 고려하여 설정한다.

2-1 느리게 말하기

2-1-1 단어 수준

목표

단어 수준에서 느린 속도로 말할 수 있다.

활동내용

- 치료사가 활동자료를 제시하면서, 단어의 각 음절의 모음을 길게 연장하여 말하는 것을 보여 준다(예: 거~부~기~).
- 아동이 활동자료에 제시된 단어를 한 음절씩 느리게 말하는 연습을 한다.
- 아동이 첫음절을 말하지 못할 경우, 치료사는 "음"을 삽입하여 말하도록 시범을 보여 준다(예: 음~거~부~기~).
- 아동은 제시된 단어를 느리게 말하는 연습을 한다.
- 아동이 단어 수준에서 느리게 말하기를 10회 중 9회 이상 바르게 수행하면 다음 단계를 진행한다.

활동자료

나는 거북이처럼 느리게 말할 수 있어요.

거북이처럼 천천히, 느리게 말해 보자.
선생님이 먼저 할 거야. 잘 듣고 선생님처럼 해 봐.

치료사	아동

공	감

저~ㄴ 화~	우~ 사~ㄴ~

자~ 저~ㄴ~거~	다~ 라~ㅁ 쥐~
	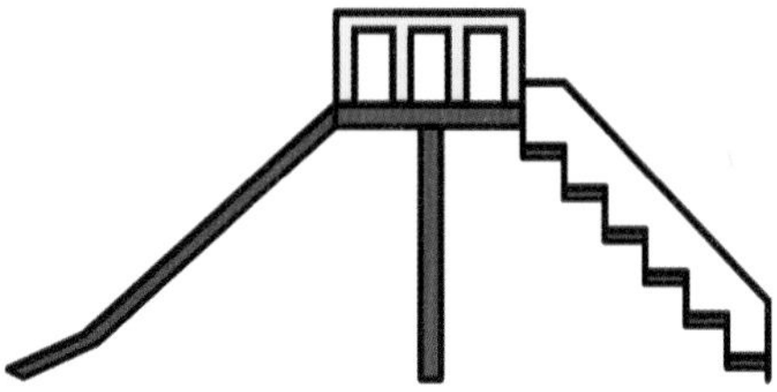
테~ㄹ 레~ 비~ 저~ㄴ	미~ 끄~ 러~ㅁ~트~ㄹ

2-1-2 문장 수준

목표

문장 수준에서 느린 속도로 말할 수 있다.

활동내용

- 치료사가 활동자료를 제시하면서 문장을 느리게 말하는 것을 보여 준다(예: 치~ㄴ~구~가~머~리~비~서~요~).
- 아동이 활동자료에 제시된 문장에 한 음절씩 느리게 말하는 연습을 한다.
- 아동이 첫음절을 말하지 못할 경우, 치료사는 "음"을 삽입하여 문장을 말하도록 시범을 보여 준다(예: 음~).
- 아동은 제시된 문장을 느리게 말하는 연습을 한다.
- 아동이 문장 수준에서 느리게 말하기를 10회 중 9회 이상 바르게 수행하면 다음 단계를 진행한다.

활동자료

나는 거북이처럼 느리게 말할 수 있어요.

치료사	아동

치~ㄴ~구~가~머~리~르~ㄹ~ 비~서~요.	치~ㄴ~구~가~바~지~르~ㄹ~ 이~버~요.

치~ㄴ~구~가~바~ㅂ~으~ㄹ~ 머~거~요.	하~라~버~지~가~ 테~ㄹ~레~비~저~ㄴ~으~ㄹ~봐~요.

누~나~느~ㄴ~모~ㄱ~요~ㄱ~으~ㄹ ~해~요.	누~나~느~ㄴ~수~여~ㅇ~으~ㄹ ~해~요.

2-1-3 복문 수준

목표

복문 수준에서 느린 속도로 말할 수 있다.

활동내용

- 치료사가 활용자료를 제시하면서 복문을 느리게 말하는 것을 보여 준다(예: 비~가~마~니~와~서~/ 우~산~으~ㄹ~써~써~요~).
- 아동이 활동자료에 제시된 복문을 느리게 말하는 연습을 한다.
- 아동이 첫음절을 말하지 못할 경우, 치료사는 "음"을 삽입하여 복문을 말하도록 시범을 보여 준다.
- 아동은 제시된 복문을 느리게 말하는 연습을 한다.
- 아동이 복문 수준에서 느리게 말하기를 10회 중 9회 이상 바르게 수행하면 다음 단계를 진행한다.

활동자료

나는 거북이처럼 느리게 말할 수 있어요.

더~러~운~소~ㄴ~으~로~머~거~서~ / 배~가~아~파~요.

파~ㄹ~꾸~ㅁ~치~르~ㄹ~다~쳐~서 / 야~그~ㄹ~바~ㄹ~라~써~요.

2-1-4 대화 수준

목표

대화 수준에서 느린 속도로 말할 수 있다.

활동내용

- 치료사가 활동자료를 제시하면서, 질문을 느리게 하는 것을 보여 준다.
- 치료사의 질문에 아동이 느린 속도로 대답한다.
- 활동자료에 제시된 질문에 대하여 느린 속도로 대답하는 연습을 한다.
- 느린 속도로 대답하기를 10회 중 9회 이상 바르게 수행하면 역할을 바꾸어 느리게 질문하기를 연습한다.
- 아동이 느린 속도로 질문하기를 10회 중 9회 이상 바르게 수행하면 다음 단계를 진행한다.

활동자료

나는 거북이처럼 느리게 말할 수 있어요.

Q 누~가~추~ㄱ~구~르~ㄹ~해~요?
A 치~ㄴ~구~가~추~ㄱ~구~르~ㄹ~해~요.
Q 치~ㄴ~구~가~뭐~로~추~ㄱ~구~르~ㄹ~하~나~요?
A 치~ㄴ~구~가~고~ㅇ~으~로~추~ㄱ~구~르~ㄹ~해~요.

Q 누~가~가~ㅇ~아~지~라~ㅇ~노~ㄹ~아~요?
A 치~ㄴ~구~가~ㅇ~아~지~라~ㅇ~노~라~요.
Q 치~ㄴ~구~가~뭐~로~노~라~요?
A 치~ㄴ~구~가~고~ㅇ~으~로~노~라~요.

Q 누~가~무~르~ㄹ~사~고~이~ㅆ~나~요?
A 어~ㅁ~마~가~사~요.
Q 어~ㅁ~마~가~뭐~로~사~나~요?
A 어~ㅁ~마~가~도~느~로~사~요.

2-2 빠르게 말하기

2-2-1 단어 수준

목표

단어 수준에서 빠른 속도로 말할 수 있다.

활동내용

- 치료사가 활동자료를 제시하면서, 한 번의 호흡에 빠르게 말하는 시범을 보인다(예: 토끼).
- 아동은 활동자료에 제시된 단어를 빠르게 말하는 연습을 한다.
- 아동이 첫음절을 말하지 못할 경우, 치료사는 "음"을 삽입하여 말하도록 시범을 보여 준다(예: 음~ 토끼).
- 아동은 제시된 단어를 빠르게 말하는 연습을 한다.
- 아동이 단어 수준에서 빠르게 말하기를 10회 중 9회 이상 바르게 수행하면 다음 단계를 진행한다.

활동자료

나는 토끼처럼 빨리 말할 수 있어요.

토끼처럼 빨리 말해 보자.
선생님이 먼저 할 거야. 잘 듣고 선생님처럼 해 봐.

치료사	아동
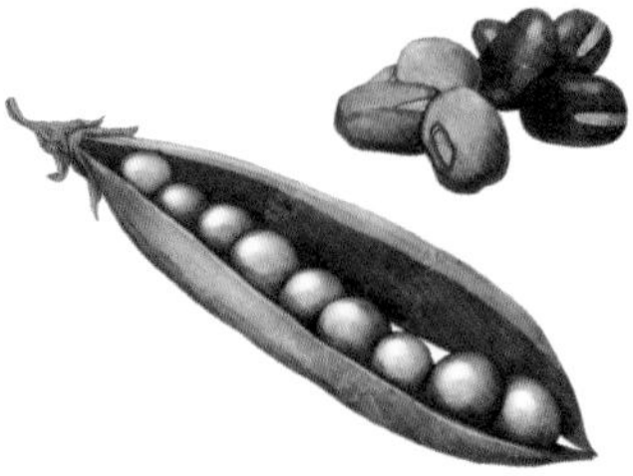	
콩	별

모자	사과
	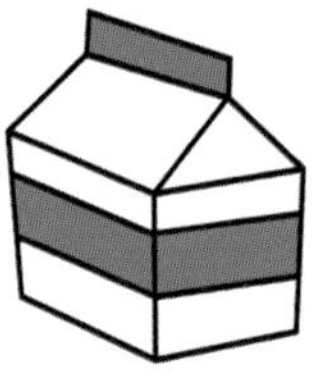
소방차	우유
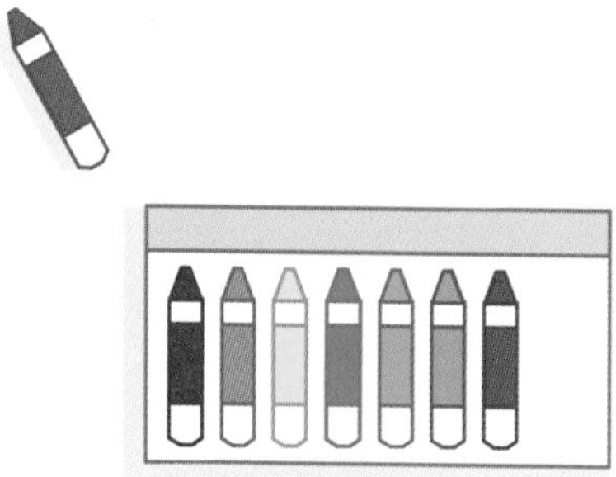	
크레파스	해바라기

2-2-2 문장 수준

목표

문장 수준에서 빠른 속도로 말할 수 있다.

활동내용

- 치료사가 활동자료를 제시하면서 문장을 빠르게 말하는 시범을 보여 준다(예: 친구가 빵을 먹어요).
- 아동이 활동자료에 제시된 문장을 빠르게 말하는 연습을 한다.
- 아동이 첫음절을 말하지 못할 경우, 치료사는 "음"을 삽입하여 문장을 말하도록 시범을 보여 준다(예: 음, 할머니가 전화를 받아요).
- 아동은 제시된 문장을 빠르게 말하는 연습을 한다.
- 아동이 각 문장 수준에서 10회 중 9회 이상 바르게 수행하면 다음 단계를 진행한다.

활동자료

나는 토끼처럼 빠르게 말할 수 있어요.

치료사	아동

친구가 빵을 먹어요.	친구가 이를 닦아요.

할머니가 전화를 받아요.	아저씨가 꽃에 물을 줘요.

나는 양치질을 해요.	나는 세수를 해요.

2-2-3 복문 수준

목표

복문 수준에서 빠른 속도로 말할 수 있다.

활동내용

- 치료사가 활동자료를 제시하면서 복문을 빠르게 말하는 것을 보여 준다.
- 아동은 치료사의 말을 모방하여 복문을 느리게 말하는 연습을 한다.
- 아동이 첫음절을 말하지 못할 경우, 치료사는 "음"을 삽입하여 복문을 말하도록 시범을 보여 준다.
- 아동은 제시된 복문을 빠르게 말하는 연습을 한다.
- 아동이 복문 수준에서 빠르게 말하기를 10회 중 9회 이상 바르게 수행하면 다음 단계를 진행한다.

활동자료

나는 토끼처럼 빠르게 말할 수 있어요.

발이 더러워서 / 깨끗하게 씻었어요.

풍선을 놓쳤는데 / 새가 갖다줬어요.

2-2-4 대화 수준

목표

대화 수준에서 빠르게 말할 수 있다.

활동내용

- 치료사가 활동자료를 제시하면서, 질문을 빠르게 하는 것을 보여 준다.
- 치료사의 질문에 아동이 빠른 속도로 대답한다.
- 활동자료에 제시된 질문에 대하여 빠른 속도로 대답하는 연습을 한다.
- 빠른 속도로 대답하기를 10회 중 9회 이상 바르게 수행하면 역할을 바꾸어 빠르게 질문하기를 연습한다.
- 아동이 빠른 속도로 질문하기를 10회 중 9회 이상 바르게 수행하면 다음 단계를 진행한다.

활동자료

나는 토끼처럼 빠르게 말할 수 있어요.

Q 누가 주사를 맞아요?
A 친구가 주사를 맞아요.
Q 친구가 무엇으로 맞아요?
A 친구가 주사로 맞아요.

Q 누가 머리카락을 잘라요?
A 민희가 머리카락을 잘라요.
Q 친구는 무엇으로 머리카락을 자르나요?
A 친구는 가위로 자르고 있어요.

Q 누가 빵을 먹나요?
A 친구가 빵을 먹어요.
Q 친구는 무엇으로 빵을 먹나요?
A 친구는 포크로 먹어요.

2-3 작게/크게 말하기

2-3-1 단어 수준

목표

단어 수준에서 목소리를 작게/크게 말할 수 있다.

활동내용

- 치료사는 활동자료를 제시하면서 목소리를 작게/크게 말하는 방법을 설명한다.
- 치료사가 "나는 작게 말해요."라는 문장은 작은 목소리로, "나는 크게 말해요."라는 문장은 큰 목소리로 말하는 시범을 보여 준다.
- 아동은 치료사의 말을 모방하여 작게/크게 말한다.
- 아동이 첫음절을 말하지 못할 경우, 치료사는 "음"을 삽입하여 단어를 말하도록 시범을 보여 준다.
- 활동자료에 제시된 단어들을 작게/크게 말하는 연습을 한다.
- 아동이 단어 수준에서 10회 중 9회 이상 바르게 수행하면 다음 단계를 진행한다.

활동자료

나는 작게도 크게도 말할 수 있어요.

치료사	아동

(크게) 빵	(작게) 빵

(작게) 바지	(크게) 바지

(크게) 자동차	(작게) 자동차

(작게) 할아버지	(크게) 할아버지

2-3-2 문장 수준

목표

문장 수준에서 목소리를 작게/크게 말할 수 있다.

활동내용

- 치료사는 활동자료를 제시하면서 문장을 작게/크게 말하는 시범을 보여 준다.
- 아동도 치료사의 말을 모방하여 문장을 작게/크게 말한다.
- 아동이 첫음절을 말하지 못할 경우, 치료사는 "음"을 삽입하여 문장을 말하도록 시범을 보여 준다.
- 활동자료에 제시된 문장들을 작게/크게 말하는 연습을 한다.
- 아동이 문장 수준에서 10회 중 9회 이상 바르게 수행하면 다음 단계를 진행한다.

활동자료

나는 작게도 크게도 말할 수 있어요.

치료사	아동

친구가 산에 올라가요.	친구가 산에 올라가요.

형이 농구를 해요.	형이 농구를 해요.

아빠랑 자동차를 타고 가요.	아빠랑 자동차를 타고 가요.

2-3-3 복문 수준

목표

복문 수준에서 목소리를 작게/크게 말할 수 있다.

활동내용

- 치료사는 활동자료를 제시하면서, 복문을 작게/크게 말하는 시범을 보여 준다.
- 아동도 치료사의 말을 모방하여 복문을 작게/크게 말한다.
- 아동이 첫음절을 말하지 못할 경우, 치료사는 "음"을 삽입하여 복문을 말하도록 시범을 보여 준다.
- 활동자료에 제시된 복문들을 작게/크게 말하는 연습을 한다.
- 아동이 복문 수준에서 10회 중 9회 이상 바르게 수행하면 다음 단계를 진행한다.

활동자료

나는 작게도 크게도 말할 수 있어요.

누나는 아침을 먹고 / 형은 공부를 해요.

누나는 아침을 먹고 / 형은 공부를 해요.

집에 불이 나서 / 119에 전화했어요.

집에 불이 나서 / 119에 전화했어요.

2-3-4 대화 수준

목표

대화 수준에서 목소리를 작게/크게 말할 수 있다.

활동내용

- 치료사가 활동자료를 제시하면서, 목소리를 작게/크게 하여 질문을 한다.
- 아동은 치료사의 질문에 작게/크게 대답하는 연습을 한다.
- 아동이 작게/크게 대답하기를 10회 중 9회 이상 바르게 수행하면 역할을 바꾸어 작게/크게 질문하기를 연습한다.
- 아동이 작게/크게 질문하기를 10회 중 9회 이상 바르게 수행하면 다음 단계를 진행한다.

활동자료

나는 작게도 크게도 말할 수 있어요.

	작게 말해요	크게 말해요
질문	뭐 보고 있어?	뭐 보고 있어?

대답	텔레비전 보고 있어요.	텔레비전 보고 있어요.
질문	어디에서 봐?	어디에서 봐?

대답	거실에서 봐요.	거실에서 봐요.
질문	누가 봐?	누가 봐?

대답	할아버지가 봐요.	할아버지가 봐요.

2-4 낮게/높게 말하기

2-4-1 단어 수준

목표

단어 수준에서 목소리를 낮게/높게 말할 수 있다.

활동내용

- 치료사는 활동자료를 제시하면서, 목소리를 낮게/높게 말하는 방법을 설명한다.
- 치료사가 "아빠처럼 말해요."라는 문장은 목소리를 낮게, "엄마처럼 말해요."라는 문장은 목소리를 높게 조절하여 말한다.
- 아동은 치료사의 말을 모방하여 높게/낮게 말한다.
- 아동은 활동자료에 제시된 단어들을 낮게/높게 말하는 연습을 한다.
- 아동이 단어 수준에서 10회 중 9회 이상 바르게 수행하면 다음 단계를 진행한다.

활동자료

나는 낮게도 높게도 말할 수 있어요.

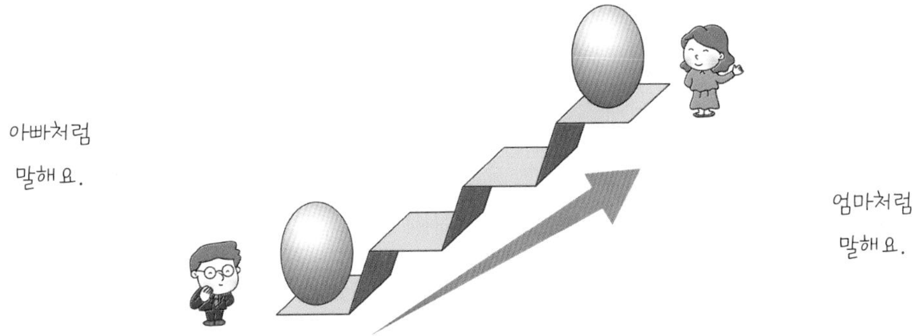

치료사	아동
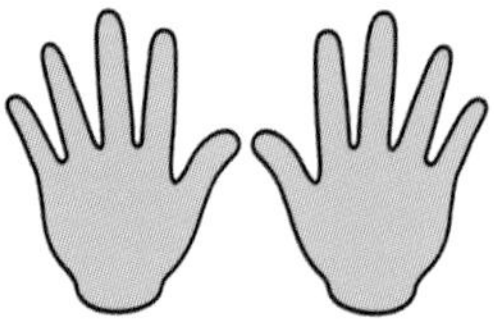	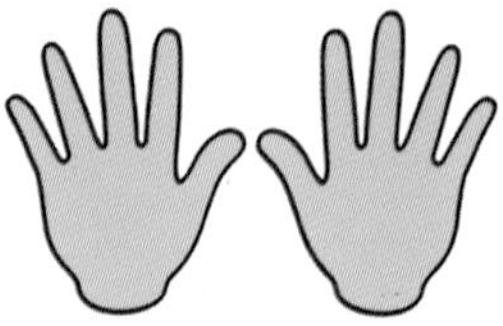
(낮게) 손	(높게) 손

(높게) 나비	(낮게) 나비

(낮게) 청소기	(높게) 청소기

(낮게) 파인애플	(높게) 파인애플

2-4-2 문장 수준

목표

문장 수준에서 목소리를 낮게/높게 말할 수 있다.

활동내용

- 치료사는 활동자료를 제시하면서, 낮은/높은 목소리로 문장을 말하는 시범을 보여 준다.
- 아동도 치료사의 말을 모방하여 문장을 낮은/높은 목소리로 말한다.
- 아동이 첫음절을 말하지 못할 경우, 치료사는 "음"을 삽입하여 말하도록 시범을 보여 준다.
- 아동은 제시된 문장들을 낮은/높은 목소리로 말하는 연습을 한다.
- 아동이 문장 수준에서 10회 중 9회 이상 바르게 수행하면 다음 단계를 진행한다.

활동자료

나는 낮게도 높게도 말할 수 있어요.

치료사	아동

(높게) 형은 텔레비전을 보고 있어요.	(낮게) 형은 텔레비전을 보고 있어요.

(낮게) 누나는 옷을 입어요.	(높게) 누나는 옷을 입어요.

(높게) 아버지는 밥을 먹어요.	(낮게) 아버지는 밥을 먹어요.

2-4-3 복문 수준

목표

복문 수준에서 목소리를 낮게/높게 말할 수 있다.

활동내용

- 치료사는 활동자료를 제시하면서, 낮은/높은 목소리로 복문을 말하는 시범을 보여 준다.
- 아동도 치료사의 말을 모방하여 낮은/높은 목소리로 복문을 말한다.
- 아동이 첫음절을 말하지 못할 경우, 치료사는 "음"을 삽입하여 말하도록 시범을 보여 준다.
- 아동은 제시된 복문 수준에서 목소리를 낮게/높게 말하기를 연습한다.
- 아동이 복문 수준에서 10회 중 9회 이상 바르게 수행하면 다음 단계를 진행한다.

활동자료

나는 낮게도 높게도 말할 수 있어요.

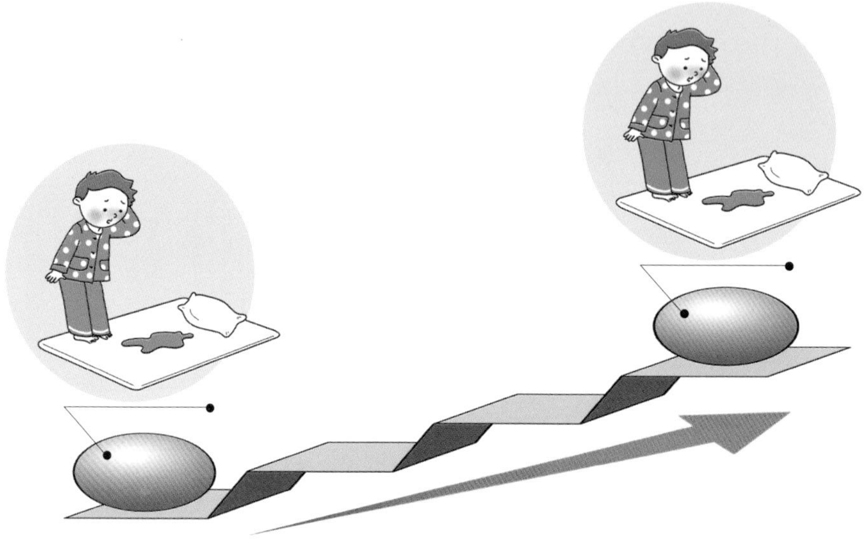

친구가 오줌을 싸서, 이불이 젖었어요.

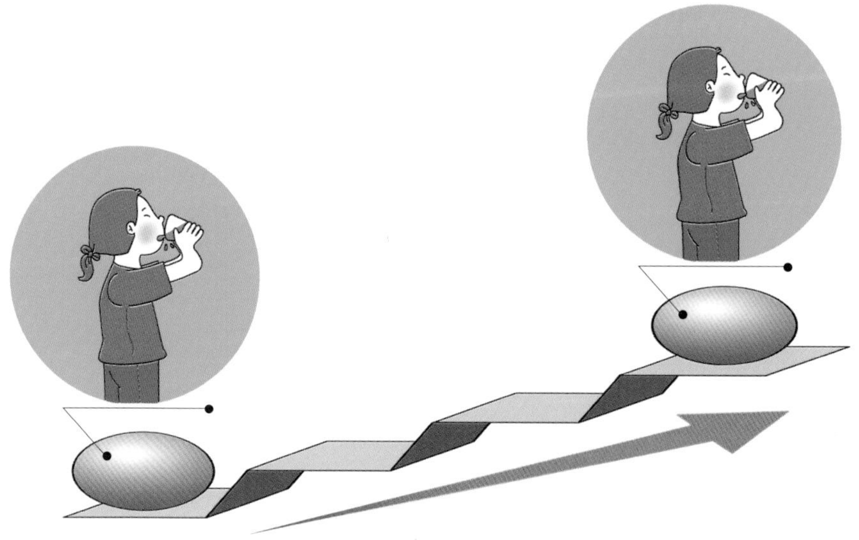

친구가 목이 말라서, 물을 마셔요.

2-4-4 대화 수준

목표

대화 수준에서 목소리를 낮게/높게 말할 수 있다.

활동내용

- 치료사가 활동자료를 제시하면서 낮은/높은 목소리로 질문을 한다.
- 아동은 치료사의 질문에 낮게/높게 대답하는 연습을 한다.
- 아동이 낮게/높게 대답하기를 10회 중 9회 이상 바르게 수행하면 역할을 바꾸어 낮게/높게 질문하기를 연습한다.
- 아동이 낮게/높게 질문하기를 10회 중 9회 이상 바르게 수행하면 다음 단계를 진행한다.

활동자료

나는 낮게도 높게도 말할 수 있어요.

(높게) 누가 그네를 밀고 있나요?

(낮게) 누가 그네를 밀고 있나요?

(높게) 친구는 무엇을 타고 있나요?

(낮게) 친구는 무엇을 타고 있나요?

(높게) 친구는 어디에 있나요?

(낮게) 친구는 어디에 있나요?

2-5 바람직한 대화 태도

2-5-1 바람직한 눈 맞추기 이해

목표

바람직한 눈 맞추기를 이해할 수 있다.

활동내용

- 치료사가 활동자료를 제시하면서, 바람직한 눈 맞추기를 설명한다.
- 아동에게 활동자료를 읽게 하고, 아동이 글을 읽지 못한다면 치료사가 읽어 준다.
- 아동이 눈 맞추기의 좋은 예와 나쁜 예를 이해하면 다음 단계를 진행한다.

활동자료

나는 눈 맞추기를 잘할 수 있어요.

좋은 눈 맞추기

다른 사람과 말할 때 눈을 쳐다봐. 서로 같이 쳐다보면서 말하는 거야. 이것을 좋은 눈 맞추기라고 해.

좋은 눈 맞추기는 대화 상대자의 눈을 서로 바라보면서 주제에 맞게 이야기를 하는 것이야.

나쁜 눈 맞추기

말할 때 눈을 보지 않는 것은 나쁜 눈 맞추기야(좋은 태도가 아니야).

나쁜 눈 맞추기는 대화 상대자의 눈을 보지 않고 이야기를 하는 것이야.

2-5-2 바람직한 눈 맞추기 판별

목표

실제 대화에서 바람직한 눈 맞추기를 판별할 수 있다.

활동내용

- 치료사는 아동과 대화하면서 눈 맞추기를 피하는 것과 눈 맞추기를 잘하는 것을 교대로 보여 준다.
- 아동이 치료사의 좋은 눈 맞추기와 나쁜 눈 맞추기를 관찰하고 활동자료에 ○표 하도록 한다.
- 아동이 치료사와 눈 맞추기 활동을 보고 10회 중 9회 이상 바르게 판별하면 다음 단계를 진행한다.

활동자료

나는 눈 맞추기를 관찰할 수 있어요.

선생님이 말할 때, 눈 맞추기를
잘하는지 살펴보자.

눈을 잘 보고 말하네!	눈을 보지 않는구나!

2-5-3 바람직한 눈 맞추기 수행

목표

바람직한 눈 맞추기를 하면서 말할 수 있다.

활동내용

- 아동에게 활동자료를 제시하면서, 치료사의 질문에 눈 맞추기를 하면서 대답한다.
- 아동이 대답한 후, 좋은 눈 맞추기인지 나쁜 눈 맞추기인지 판별하여 활동자료에 ○표 하도록 지시한다.
- 아동이 좋은 눈 맞추기를 10회 중 9회 이상 바르게 수행하면 다음 단계로 간다.

활동자료

나는 눈 맞추기를 잘할 수 있어요.

네가 말할 때 눈을 잘 보고
말했는지 표시해 보자.

질문	눈을 잘 보고 말하네!	눈을 보지 않는구나!
누가 학생들을 가르치나요?		
어디에서 수영을 하나요?		
무엇으로 그림을 그리나요?		

3장

말하기 시작 조절 단계

3단계

말하기 시작 조절 단계

[단계 목표]

말더듬은 주로 발화의 첫음절이나 첫소리에서 나타나 통제할 수 없는 상태가 지속된다. 이 단계는 말더듬이 자주 발생하는 말의 시작 부분을 수의적으로 조절할 수 있는 능력을 키우기 위한 단계로, 의도적인 반복(통통말하기), 의도적인 연장(쭈욱말하기), 의도적인 막힘(끙끙말하기 vs. 살살말하기)을 연습한다. 이러한 연습을 통해 말을 시작하는 부분에서의 조절력을 획득하고, 반복해서 말할 수도 있고 반복하지 않고 말할 수도 있게 된다. 또한 길게 연장해서 말할 수도 있고, 짧게 말할 수도 있게 되며, 힘을 주어 긴장해서 말할 수도 있고, 힘을 빼고 이완하여 말할 수도 있게 된다. 통통말하기, 쭈욱말하기, 살살말하기를 숙련되게 사용할 수 있도록 단어, 문장, 복문, 이야기 등의 순서로 말하기와 읽기를 구성하였으며, 마지막에는 대화와 역할극에서 연습하여 일반화를 촉진할 수 있다.

아동이 2단계의 말하기 패턴 조절 능력을 획득하여 더 이상 말더듬이 나타나지 않는다면 이 단계를 수행하지 않아도 된다.

[단계 구성]

- 통통말하기-단어, 단어 읽기, 문장, 복문, 문장 읽기, 이야기, 문단 읽기, 대화 1~4, 이야기
- 쭈욱말하기-단어, 단어 읽기, 문장, 복문, 문장 읽기, 이야기, 문단 읽기, 대화 1~4, 이야기
- 살살말하기-단어, 단어 읽기, 문장, 복문, 문장 읽기, 이야기, 문단 읽기, 대화 1~4, 이야기
- 통통/쭈욱/살살말하기로 대화하기

[활용 방법]

이 단계는 크게 세 부분으로 나뉜다. 의도적인 반복에 해당하는 통통말하기는 첫음절의 종성을 제외한 CV(자음과 모음)만 정해진 횟수만큼 반복한 후 전체 단어를 말하는 기법이다. 이때 반복의 횟수를 다양하게 함으로써 아동은 스스로 음절을 여러 번 반복할 수도 있고, 반복하지 않을 수도 있음을 깨닫는 것이 중요하다. 의도적으로 반복을 시작했으나 긴장되고 불수의적인 반복으로 이어진다면 단계를 중단하고 이완훈련을 먼저 하는 것이 필요하다.

의도적인 연장에 해당하는 쭈욱말하기도 첫음절의 종성을 제외한 CV 음절만 정해진 시간(초)만큼 연장한 후 전체 단어를 말하는 기법이다. 이때 연장의 길이를 다양하게 함으로써 길게 연장해서 말할 수도 있고 짧게 말할 수도 있음을 아동이 깨닫고 조절력을 획득하는 것이 중요하다. 이때에도 의도적인 연장을 시작하였으나 긴장되고 불수의적인 연장이 나타난다면 이 단계를 중단하고 이완훈련을 먼저 실시한다.

의도적인 막힘에 해당하는 끙끙말하기와 반대되는 긴장을 이완한 살살말하기 단계에서는 아동이 힘을 주어 말할 수도 있고, 힘을 빼고 말할 수도 있음을 확인하고 조절하는 것을 목적으로 하고 있다. 끙끙말하기는 단어를 말하기 전에 온몸에 힘을 주고(주먹을 쥐어 힘이 들어간 것을 확인한다) 단어를 힘들게 말하는 것을 의미하고, 살살말하기는 단어를 말하기 전 온몸에 힘을 빼고(주먹을 펴며 힘이 빠진 것을 확인한다) 단어를 부드럽게 말하는 것을 의미한다. 각 단계를 동일한 시간 동안 연습할 필요는 없으며 아동의 수행 정도에 따라 단계 진행 속도를 조절할 수 있다.

3-1 통통말하기

3-1-1 단어

목표

단어 수준에서 통통말하기를 할 수 있다.

활동내용

- 치료사는 활동자료를 제시하면서 통통말하기를 설명한다.
- 치료사가 공을 통통 튀기면서 통통말하기를 보여 준다(예: 고-고-고-공).
- 아동도 치료사를 모방하여 단어의 첫음절의 자음과 모음을 3회 반복하여 말한다.
- 아동이 성공적으로 모방하면 활동자료에 제시된 그림의 단어들을 말할 때 통통말하기를 한다.
- 아동이 단어 수준에서 통통말하기를 10회 중 9회 이상 바르게 수행하면 다음 단계를 진행한다.

활동자료

나는 통통말하기를 할 수 있어요.

통통말하기란 쉽고 가볍게 단어의 첫음절을 반복하는 거야.
농구공을 통통 튀기면서 말하는 거야.
'고-고-고-공'
선생님이 먼저 할 거야.
잘 듣고 선생님처럼 해 봐.

가-가-가-감

이-이-이-입

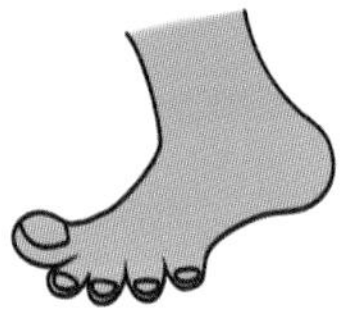

바-바-바-발

지-지-지-집

채-채-채-책

다-다-다-닭

3-1-2 비교

목표

힘주고 통통말하기와 힘빼고 통통말하기를 구별하여 말할 수 있다.

활동내용

- 활동자료를 제시하면서 힘주고 통통말하기와 힘빼고 통통말하기를 비교하여 설명한다.
- 치료사는 단어를 말할 때 힘주고 통통말하기를 하는 것을 보여 준다(예: 나-나-나-나비).
- 아동도 치료사를 모방하여 힘주고 통통말하기를 한다.
- 치료사는 다음 단어를 말할 때 힘빼고 통통말하기를 하는 것을 보여 준다(예: 따-따-따-딸기).
- 아동도 치료사를 모방하여 힘빼고 통통말하기를 한다.
- 활동자료에 제시된 단어들을 힘주고 통통말하기와 힘빼고 통통말하기로 구분하여 말한다.
- 아동이 단어 수준에서 힘주고/힘빼고 통통말하기를 10회 중 9회 이상 바르게 수행하면 다음 단계를 진행한다.

활동자료

나는 힘주고 통통말하기와 힘빼고 통통말하기를 할 수 있어요.

〈힘주고 통통말하기〉

〈힘빼고 통통말하기〉

힘주고 통통말하기는 긴장하여 반복하는 것이고,
힘빼고 통통말하기는 가볍게 반복하는 거야.
선생님이 먼저 할 거야. 잘 듣고 선생님처럼 해 봐.

〈힘주고 통통말하기〉

나-나-나-나비

고-고-고-고양이

겨-겨-겨-경찰관

〈힘빼고 통통말하기〉

따-따-따-딸기

개-개-개-개구리

어-어-어-어린이

3-1-3 단어 읽기

목표

단어 수준에서 통통말하기로 읽을 수 있다.

활동내용

- 치료사는 활동자료를 제시하면서 주사위를 던져 나온 수만큼 통통말하기로 단어를 읽는 것을 보여 준다(예: '3'이 나왔다면, 다-다-다-당근).
- 아동도 치료사를 모방하여 주사위를 던져 나온 수만큼 통통말하기로 읽는다(예: '2'가 나왔다면, 다-다-당근).
- 활동자료에 제시된 단어들을 주사위를 던져 반복횟수를 정한 후 통통말하기로 읽는다.
- 아동이 단어 수준에서 통통말하기로 10회 중 9회 이상 바르게 읽으면 다음 단계를 진행한다.

준비물

주사위

활동자료

나는 통통말하기로 읽을 수 있어요.

발	포도	바나나	바람개비
달	딸기	다리미	텔레비전
김	거울	고구마	무당벌레
산	소라	산토끼	헬리콥터
문	라면	자동차	아이스크림

3-1-4 문장

목표

문장 수준에서 통통말하기를 할 수 있다.

활동내용

- 치료사는 활동자료를 제시하면서 문장의 첫 단어에서 통통말하기 하는 것을 보여 준다(예: 치-치-친구가 아침에 일어나요).
- 아동도 치료사를 모방하여 문장의 첫 단어를 통통말하기로 한다.
- 활동자료에 제시된 문장에서 밑줄 친 단어를 통통말하기로 하고, 이때 단어 옆에 쓰여 있는 숫자만큼 반복한다.
- 아동이 문장 수준에서 통통말하기를 10회 중 9회 이상 바르게 수행하면 다음 단계를 진행한다.

활동자료

나는 통통말하기를 할 수 있어요.

친구(2)가 아침에 일어나요.
➡ 치-치-친구가 아침에 일어나요.

친구가 잠(3)을 자요.
➡ 친구가 자-자-자-잠을 자요.

아빠가 넥타이(4)를 사요.
➡ 아빠가 네-네-네-네-넥타이를 사요.

엄마(2)가 전화를 해요.
➡ 어-어-엄마가 전화를 해요.

3-1-5 복문

목표

복문 수준에서 통통말하기를 할 수 있다.

활동내용

- 치료사는 활동자료를 제시하면서 문장 혹은 절의 밑줄 친 단어에서 통통말하기 하는 것을 보여 준다.
- 아동도 치료사를 모방하여 문장의 밑줄 친 단어를 통통말하기로 한다.
- 활동자료에 제시된 문장 중 밑줄 친 단어를 통통말하기로 하고, 이때 단어 옆에 쓰여 있는 숫자만큼 반복한다. 여러 차례 시도할 경우에는 통통말하기를 적용할 단어와 횟수를 변경하여 실시한다.
- 아동이 복문 수준에서 통통말하기를 10회 중 9회 이상 바르게 수행하면 다음 단계를 진행한다.

활동자료

나는 통통말하기를 할 수 있어요.

공(2)에 맞아서 땅(3)에 떨어졌어요.

➡ 고-고 공에 맞아서 따-따-따 땅에 떨어졌어요.

비(3) 맞아서, 감기(2) 걸렸어요.

➡ 비-비-비 비 맞아서, 가-가 감기 걸렸어요.

3-1-6 문장 읽기

목표

문장 수준에서 통통말하기로 읽을 수 있다.

활동내용

- 치료사는 활동자료를 제시하면서 치료사가 첫 문장에 밑줄 친 단어를 통통말하기로 읽는 것을 보여 준다.
- 두 번째 문장부터 아동이 밑줄 친 단어를 통통말하기로 읽는다.
- 다음으로 활동자료에 제시된 복문에서 밑줄 친 단어를 주사위를 던져서 나온 수만큼 반복하며 통통말하기로 읽는다.
- 아동이 문장 수준에서 통통말하기로 10회 중 9회 이상 바르게 읽으면 다음 단계를 진행한다.

활동자료

나는 통통말하기로 읽을 수 있어요.

〈단문〉

나는 학교에 갑니다.	엄마가 밥을 먹어요.
귀여운 멍멍이가 밥을 먹어요.	가위로 종이를 싹둑싹둑 잘라요.
친구가 예쁜 옷을 입어요.	친구가 동생과 텔레비전을 봐요.

〈복문〉

나는 학교에 가서 공부를 해요.	친구는 밥을 먹고 이를 닦아요.
멍멍이는 귀엽고, 고양이는 예뻐요.	귀가 긴 토끼와 귀가 짧은 토끼를 그렸어요.

3-1-7 이야기

목표

이야기 수준에서 통통말하기를 할 수 있다.

활동내용

- 치료사는 활동자료의 그림을 보여 주며 이야기를 할 때 통통말하기를 10번 사용하는 것을 보여 준다. 통통말하기를 할 때마다 손가락을 하나씩 접으면서 횟수를 센다.
- 아동도 치료사를 모방하여 이야기할 때 통통말하기를 10회 실시한다.
- 아동이 두 번째 이야기를 할 때 치료사가 손을 들면 통통말하기를 하도록 한다.
- 아동이 이야기 수준에서 통통말하기를 10회 중 9회 이상 바르게 수행하면 다음 단계를 진행한다.

활동자료

나는 통통말하기를 할 수 있어요.

고슴도치 아줌마는 사과를 바구니에 담아서 숲길을 걸어가고 있었어요. 그런데 고슴도치 아줌마는 돌덩이에 걸려서 넘어지고 말았지요. 그래서 생쥐는 바구니에 사과를 담아 드렸어요. 그랬더니 고슴도치 아줌마는 생쥐에게 고맙다고 사과를 주었어요.

고양이는 신나게 길을 걸어가고 있었어요. 그런데 고양이는 길거리에 떨어져 있는 돈이 보여서 얼른 돈을 주웠어요. 고양이는 주운 돈으로 맛있는 아이스크림을 사 먹었어요. 그런데 그만 고양이는 배탈이 났어요.

3-1-8 문단 읽기

목표

문단 수준에서 통통말하기로 읽을 수 있다.

활동내용

- 치료사는 자료를 제시하면서 문단을 읽을 때 밑줄 친 단어를 괄호 안에 쓰인 숫자만큼 반복하며 통통말하기 하는 것을 보여 준다.
- 아동도 치료사를 모방하여 밑줄 친 단어를 괄호 안의 숫자만큼 반복하며 통통말하기로 읽는다.
- 두 번째 읽기자료에서는 아동이 통통말하기 반복 횟수를 괄호 안에 쓰고 그 수만큼 반복하여 읽게 한다.
- 아동이 문단 읽기에서 통통말하기를 10회 중 9회 이상 바르게 수행하면 다음 단계를 진행한다.

활동자료

나는 통통말하기로 읽을 수 있어요.

<u>겨울(2)</u>을 나기 위해 <u>따뜻한(1)</u> 남쪽 나라로 날아가던 <u>제비(3)</u>가 왕자의 <u>동상(1)</u>을 보았어요. 온몸이 보석과 <u>금(2)</u>으로 치장된 화려한 동상이었어요. "<u>오늘(2)</u> 밤은 이 동상 아래서 좀 쉬었다 가야겠다." <u>제비(4)</u>가 동상의 발 밑에 앉자 제비 <u>머리(3)</u> 위로 왕자의 눈물이 뚝뚝 <u>떨어졌어요(1)</u>.

<u>창(　)</u> 밖에 주룩주룩 비가 내리고 있어요. "<u>엄마(　)</u>, 아빠는 우산 가져가셨어요?" <u>다빈(　)</u>이가 창밖을 내다보며 <u>아빠를(　)</u> 기다리다가 말했어요. "그럼 가져가셨지. 우산 쓰고 <u>퇴근하실(　)</u> 거야."
<u>안방(　)</u>에서 엄마가 <u>대답했어요(　)</u>. "응 가져가셨구나. 그런데 <u>바람이(　)</u> 불어서 우산이 날아가면 <u>어떡해요(　)</u>?" 다빈이가 다시 <u>걱정스런(　)</u> 표정을 지으며 물었어요.

3-1-9 대화 1

목표

단어그림에 대해 통통말하기로 대화할 수 있다.

활동내용

- 치료사는 활동자료에 제시된 단어그림에 대해 통통말하기로 질문한다.
- 아동은 통통말하기로 질문에 대답한다.
  - 이-이-이-이건 뭐예요?
  - 비-비-비-비행기예요.
- 치료사는 단어그림 하나에 두 가지 이상 질문한다.
- 아동과 치료사가 역할을 바꾸어 통통말하기로 질문하고 대답한다.
- 아동이 대화에서 통통말하기를 10회 중 9회 이상 바르게 수행하면 다음 단계를 진행한다.

활동자료

나는 통통말하기를 할 수 있어요.

Q 이건 뭐예요?
A 비행기예요.
Q 이건 어디로 다니는 건가요?
A 하늘로 날아다녀요.

Q 이건 어디로 다녀요?
A 바다로 다녀요.
Q 언제 타 봤어요?
A 한강에서 유람선을 타 봤어요.

Q 오리는 어디에서 살아요?
A 오리는 물에서 살아요.
Q 어떻게 소리 내나요?
A 꽥꽥하는 소리를 내요.

Q 어떤 공이 있을까요?
A 야구공, 축구공, 농구공이 있어요.
Q 어떻게 노는 거예요?
A 던지거나 차면서 놀아요.

3-1-10 대화 2

목표

한 장면 그림에 대해 통통말하기로 대화할 수 있다.

활동내용

- 치료사는 활동자료에 제시된 장면에 대해서 통통말하기로 질문을 한다.
- 아동은 통통말하기로 질문에 대답한다.
- 치료사는 장면 하나에 네 가지 질문을 한다.
- 아동이 대화에서 통통말하기를 10회 중 9회 이상 바르게 수행하면 다음 단계를 진행한다.

활동자료

나는 통통말하기를 할 수 있어요.

○ 여기가 어디예요?
○ 어머니가 무엇을 하고 있어요?
○ 주방에서는 무엇을 하나요?
○ 주방에서 있었던 일을 이야기해 보세요.

○ 여기가 어디예요?
○ 이 사람들은 누구일까요?
○ 동물원에는 어떤 동물들이 있나요?
○ 동물원에서 있었던 일을 이야기해 보세요.

3-1-11 대화 3

목표

연속장면 그림에 대해 통통말하기로 대화할 수 있다.

활동내용

- 치료사는 활동자료에 제시된 연속장면에 대해서 통통말하기로 질문을 한다.
- 아동은 통통말하기로 질문에 대답한다.
- 치료사는 연속장면에 대해 네 가지 질문을 한다.
- 아동이 대화에서 통통말하기를 10회 중 9회 이상 바르게 수행하면 다음 단계를 진행한다.

활동자료

나는 통통말하기를 할 수 있어요.

○ 첫 번째 장면에서 아이는 무엇을 하고 있나요?
○ 두 번째 장면에서 누가 들어왔나요?
○ 세 번째 장면에서 엄마가 아이에게 뭐라고 말했을까요?
○ 이 장면 이야기를 혼자서 순서대로 말해 주세요.

○ 첫 번째 장면에서 곰돌이들이 무엇을 하고 있나요?
○ 두 번째 장면에서 큰 곰돌이가 어떻게 하고 있나요?
○ 세 번째 장면에서 큰 곰돌이가 왜 물에 빠졌을까요?
○ 이 장면 이야기를 혼자서 순서대로 말해 주세요.

3-1-12 대화 4

목표

특정 주제에 대해 통통말하기로 대화할 수 있다.

활동내용

- 치료사는 활동자료에 제시된 대화 주제를 아동에게 선택하게 한다.
- 선택한 주제에 대해 치료사가 먼저 통통말하기로 질문을 하고, 아동도 통통말하기로 대답을 하게 한다.
- 나머지 주제는 역할을 바꾸어 아동이 통통말하기로 질문을 하고, 치료사가 통통말하기로 대답을 한다.
- 아동이 대화를 하는 동안 통통말하기를 10회 중 9회 이상 바르게 수행하면 다음 단계를 진행한다.

활동자료

나는 통통말하기를 할 수 있어요.

대화 주제

강아지	고양이
• 주로 어떤 먹이를 좋아하나요? • 강아지랑 어떤 놀이를 하면 좋을까요? • 강아지랑 산책하려면 어디로 가면 좋을까요? • 강아지를 키우면 좋은 점은 뭘까요? • 강아지가 아플 땐 어떻게 해요?	• 주로 어떤 먹이를 좋아하나요? • 고양이랑 어떤 놀이를 하면 좋을까요? • 고양이랑 산책하려면 어디로 가면 좋을까요? • 고양이를 키우면 좋은 점은 뭘까요? • 고양이가 아플 땐 어떻게 해요?

3-1-13 역할극

목표

역할극을 통통말하기로 할 수 있다.

활동내용

- 치료사는 활동자료에 제시된 병원놀이 역할극을 실시하기 위해 아동과 배역을 정한다.
- 치료사와 아동은 역할극을 하는 동안 통통말하기를 한다.
- 다음으로 치료사와 아동이 역할을 바꾸어 통통말하기를 한다.
- 아동이 역할극을 하는 동안 통통말하기를 10회 중 9회 이상 바르게 수행하면 다음 단계를 진행한다.

활동자료

나는 통통말하기를 할 수 있어요.

역할극 주제: 병원놀이

역할: 의사, 환자

의사: ① 어떻게 오셨나요?
의사: ② 언제부터 기침이 나왔나요?
의사: ③ 열은 몇 도까지 올랐나요?

의사: ④ 지금은 열이 얼마인지 재 봅시다.
의사: ⑤ 열이 38.5도네요. 해열제를 처방할게요.
의사: ⑥ 기침약도 처방할게요. 물을 자주 드세요.

환자: ❶ 기침이 나고 열도 나요.
환자: ❷ 어제 아침부터 기침이 났어요.
환자: ❸ 어제 저녁에는 37도였는데 ❹ 오늘 아침에는 38도였어요.
환자: 네.
환자: ❺ 네. 기침약도 주세요.
환자: ❻ 네. 고맙습니다.

3-2 쭈욱말하기

3-2-1 단어

목표

단어 수준에서 쭈욱말하기를 할 수 있다.

활동내용

- 치료사는 활동자료를 제시하면서 쭈욱말하기를 설명한다.
- 치료사는 모음으로 시작하는 단어의 모음을 연장하여 쭈욱 말하는 것을 보여 준다(예: 아---기).
- 아동도 치료사를 모방하여 모음을 길게 연장하여 쭈욱말하기를 한다.
- 치료사는 자음으로 시작하는 단어의 자음과 모음을 연장한 후 단어의 나머지 부분을 말하는 것을 보여 준다(예: 사---과).
- 아동도 치료사를 모방하여 자음과 모음을 연장하여 쭈욱말하기를 한다.
- 활동자료에 제시된 단어들의 첫 모음 또는 자음과 모음을 연장하여 쭈욱말하기를 한다.
- 아동이 단어 수준에서 쭈욱말하기를 10회 중 9회 이상 바르게 수행하면 다음 단계를 진행한다.

활동자료

나는 쭈욱말하기를 할 수 있어요.

쭈욱말하기란, 단어의 첫소리를 길게 늘여 말하는 거야.
뱀처럼 길게 늘여서 말하기를 해 보자.
선생님이 먼저 할 거야. 잘 듣고 선생님처럼 해 봐.

모음으로 시작하는 단어	자음으로 시작하는 단어

아------기	사------아과
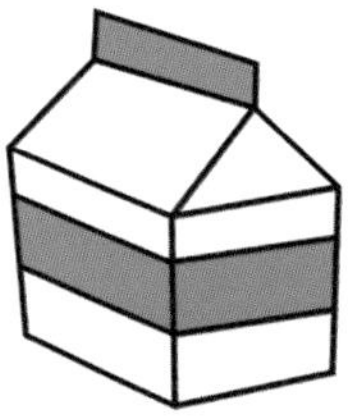	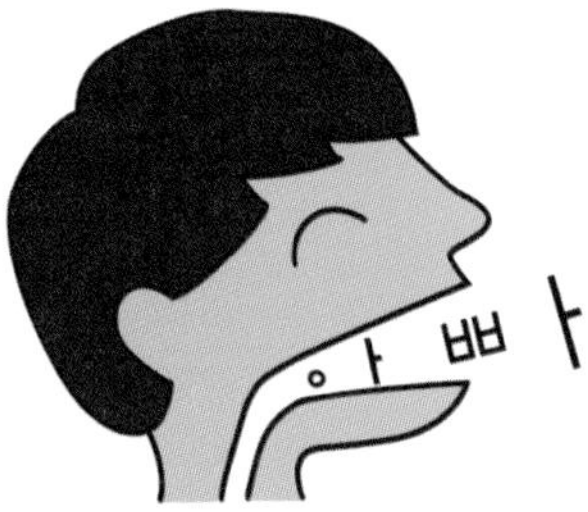
우------유	마------알
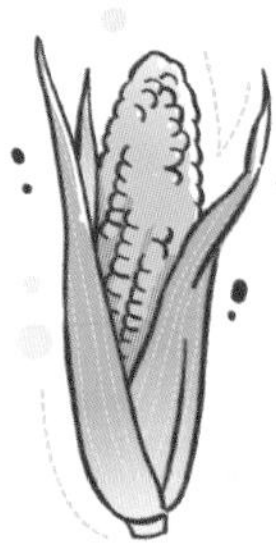	
오------옥수수	가------앙아지

3-2-2 비교

목표

길게 쭈욱말하기와 짧게 쭈욱말하기를 구별하여 말할 수 있다.

활동내용

- 치료사는 활동자료를 보여 주면서 길게 쭈욱말하기와 짧게 쭈욱말하기를 비교하여 설명한다.
- 치료사는 단어를 말할 때 길게 쭈욱말하기를 하는 것을 보여 준다.
- 아동도 치료사를 모방하여 길게 쭈욱말하기를 한다.
- 치료사는 다음 단어를 말할 때 짧게 쭈욱말하기를 하는 것을 보여 준다.
- 아동도 치료사를 모방하여 짧게 쭈욱말하기를 한다.
- 활동자료에 제시된 단어들을 길게 쭈욱말하기와 짧게 쭈욱말하기로 구분하여 말한다.
- 아동이 단어 수준에서 길게/짧게 쭈욱말하기를 10회 중 9회 바르게 수행하면 다음 단계를 진행한다.

활동자료

나는 길게 쭈욱말하기와 짧게 쭈욱말하기를 할 수 있어요.

기-----차

기-차

쭈욱말하기를 길게 할 수도 있고 짧게 할 수도 있어.
선생님이 먼저 할 거야.
잘 듣고 선생님처럼 해 봐.

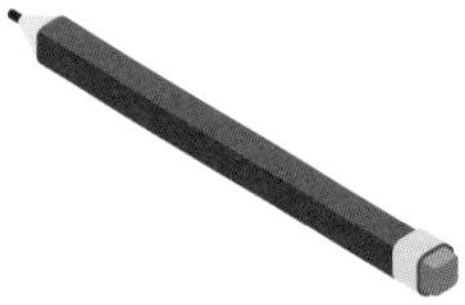

여-----ㄴ필

여-ㄴ필

머-----리

머-리

바-----지

바-지

3-2-3 단어 읽기

목표

단어 수준에서 쭈욱말하기로 읽을 수 있다.

활동내용

- 치료사가 활동자료를 보여 주면서 주사위를 던져 나온 수만큼의 시간을 연장하여 쭈욱말하기로 단어를 읽는 것을 보여 준다(예: '3'이 나왔다면, 바---(3초)---알).
- 아동도 치료사를 모방하여 주사위를 던져 나온 수만큼의 시간을 연장하여 쭈욱말하기로 읽는다(예: '2'가 나왔다면 다---(2초)---알).
- 활동자료에 제시된 단어들을 주사위를 던져 연장시간(초)를 정한 후 쭈욱말하기로 읽는다.
- 아동이 단어 수준에서 쭈욱말하기로 10회 중 9회 이상 바르게 읽으면 다음 단계를 진행한다.

준비물

주사위

활동자료

나는 쭈욱말하기를 할 수 있어요.

눈	머리	팔꿈치	머리카락
코	다리	손가락	어깨동무
입	입술	발바닥	곱슬머리
귀	어깨	콧구멍	발뒤꿈치
손	무릎	엉덩이	엄지손가락

3-2-4 문장

목표

문장 수준에서 쭈욱말하기를 할 수 있다.

활동내용

- 활동자료를 제시하면서 문장의 첫 단어를 쭈욱말하기 하는 것을 보여 준다(예: 치-(2초)--인구가 빵을 먹어요).
- 아동도 치료사를 모방하여 문장의 첫 단어를 쭈욱말하기로 한다.
- 활동자료에 제시된 문장에서 밑줄 친 단어를 쭈욱말하기로 말하고, 이때 단어 옆에 쓰여 있는 숫자만큼 연장한다.
- 아동이 문장 수준에서 쭈욱말하기를 10회 중 9회 이상 바르게 수행하면 다음 단계를 진행한다.

활동자료

나는 쭈욱말하기를 할 수 있어요.

친구(2)가 빵을 먹어요.
➡ 치--(2초)--인구가 빵을 먹어요.

친구가 학교(3)에 가요.
➡ 친구가 하--(3초)--악교에 가요.

아저씨가 거리를 청소(2)해요.
➡ 아저씨가 거리를 처--(2초)--엉소해요.

친구가 유치원(1) 버스를 타고 가요.
➡ 친구가 유--(1초)--치원 버스를 타고 가요.

3-2-5 복문

목표

복문 수준에서 쭈욱말하기를 할 수 있다.

활동내용

- 치료사는 활동자료를 제시하면서 문장의 첫 단어에서 쭈욱말하기 하는 것을 보여 준다.
- 아동도 치료사를 모방하여 문장의 첫 단어를 쭈욱말하기로 한다.
- 활동자료에 제시된 문장 중 밑줄 친 단어를 쭈욱말하기로 말하고, 이때 단어 옆에 쓰여 있는 숫자만큼의 시간(초)을 연장한다.
- 아동이 복문 수준에서 쭈욱말하기를 10회 중 9회 이상 바르게 수행하면 다음 단계를 진행한다.

활동자료

나는 쭈욱말하기를 할 수 있어요.

친구(1)가 우산이 없어서 같이(2) 썼어요.

➡ 치--(1초)--인구가 우산이 없어서, 가--(2초)--알이 썼어요.

콧물(2)이 나서 휴지(4)로 닦았어요.

➡ 코--(2초)--옷물이 나서, 휴--(4초)--지로 닦았어요.

3-2-6 문장 읽기

목표

문장 수준에서 쭈욱말하기로 읽을 수 있다.

활동내용

- 치료사는 활동자료를 제시하면서 치료사가 첫 문장을 쭈욱말하기로 읽는 것을 보여준다.
- 두 번째 문장부터 아동이 쭈욱말하기로 읽는다.
- 다음으로 활동자료에 제시된 복문에서 밑줄 친 단어를 주사위를 던져서 나온 수만큼의 시간(초)을 연장하여 쭈욱말하기로 읽는다.
- 아동이 문장 수준에서 쭈욱말하기로 10회 중 9회 이상 바르게 읽으면 다음 단계를 진행한다.

활동자료

나는 쭈욱말하기로 읽을 수 있어요.

〈단문〉

나는 놀이터에 갑니다.	누나랑 놀이터에 가요.
놀이터에 그네와 시소가 있어요.	나는 친구와 사이좋게 놀아요.
미끄럼틀은 그네 옆에 있어요.	흔들흔들 신나게 그네를 타요.

〈복문〉

나는 그네를 타고, 친구는 미끄럼틀을 타요.	친구가 다 탈 때까지 기다려야 해요.
놀이터에 갔다 오면 손을 깨끗이 씻어야 해요.	그네를 탈 때, 줄을 꼭 잡지 않으면 위험해요.

3-2-7 이야기

목표

이야기 수준에서 쭈욱말하기를 할 수 있다.

활동내용

- 치료사는 활동자료를 제시하면서 이야기를 할 때 쭈욱말하기를 보여 준다.
- 아동도 치료사를 모방하여 이야기할 때 쭈욱말하기를 한다.
- 아동이 두 번째 이야기를 할 때 치료사가 손을 들면 쭈욱말하기를 한다.
- 아동이 이야기 수준에서 쭈욱말하기를 10회 중 9회 이상 바르게 수행하면 다음 단계를 진행한다.

활동자료

나는 쭈욱말하기를 할 수 있어요.

동생은 형이 자전거를 타는 것을 보고 쫓아갔어요. 그런데 형이 동생을 밀어서 동생이 넘어졌어요. 그래서 동생은 손을 다쳤고, 엄마가 약을 발라 주었어요. 형은 동생에게 사과하고 자전거 타는 법을 알려 주었어요.

지은이가 신나게 놀다가 들어왔더니 맛있는 수박이 있었어요. 지은이는 손도 씻지 않고 수박을 먹었어요. 지은이는 수박을 다 먹고 그 자리에 누워 잠을 잤어요. 그래서 지은이는 배탈이 났어요.

3-2-8 문단 읽기

목표

문단 수준에서 쭈욱말하기로 읽을 수 있다.

활동내용

- 치료사는 자료를 제시하면서 문단을 읽을 때 밑줄 친 단어를 괄호 안에 쓰인 숫자만큼의 시간(초)을 연장하며 쭈욱말하기를 하는 것을 보여 준다.
- 아동도 치료사를 모방하여 밑줄 친 단어를 괄호 안의 숫자만큼의 시간(초)을 연장하며 쭈욱말하기로 읽는다.
- 두 번째 읽기자료에서는 아동이 연장할 시간을 괄호 안에 쓰고 그 시간만큼 연장하여 읽는다.
- 아동이 문단 읽기에서 쭈욱말하기를 10회 중 9회 이상 바르게 수행하면 다음 단계를 진행한다.

활동자료

나는 쭈욱말하기로 읽을 수 있어요.

> 장난꾸러기(1) 여우가 길을 가다가 스컹크(2)를 만났어요. 여우(3)는 스컹크의 꼬리를 잡고 놀렸어요(2). "야, 네 꼬리(1)는 왜 이렇게 크고 못생겼냐?" 여우의 놀림(3)에 화가 난 스컹크(1)가 방귀를 뿡 뀌었어요. "어이쿠 냄새(3)야." 여우는 스컹크의 고약한(2) 방귀 냄새를 맡고는 줄행랑(1)을 쳤어요.

> 네덜란드( )에서 목사의 아들로 태어난 반고흐( )는 어려운 환경( ) 속에서도 평생 그림( )을 그리며 자신의 예술혼을 불태웠어요. 빈센트( )의 방, 별이 빛나는 밤, 밤의 카페( ) 등 그가 남긴 수많은 작품들은 오늘날( ) 많은 사람들의 사랑을 받고 있답니다. 또한 동생( ) 테오의 헌신적인 형제애( )가 많은 사람들에게 감동( )을 주기도 했어요.

3-2-9 대화 1

목표

단어그림에 대해 쭈욱말하기로 대화할 수 있다.

활동내용

- 치료사는 활동자료에 제시된 단어그림에 대해 쭈욱말하기로 질문한다.
- 아동은 쭈욱말하기로 질문에 대답한다.
  - 이---건 뭐예요?
  - 이건 비---이누예요.
- 치료사는 단어그림 하나에 두 가지 이상 질문한다.
- 아동과 치료사가 역할을 바꾸어 쭈욱말하기로 질문하고 대답한다.
- 아동이 대화에서 쭈욱말하기를 10회 중 9회 이상 바르게 수행하면 다음 단계를 진행한다.

활동자료

나는 쭈욱말하기를 할 수 있어요.

Q 이건 뭐예요?
A 비누예요.
Q 언제 쓰나요?
A 손이 씻을 때 써요.

Q 어디서 키우나요?
A 집에서 키워요.
Q 강아지는 좋을 때 어떻게 하나요?
A 꼬리를 살랑살랑 흔들어요.

Q 개미는 혼자 사나요? 다른 개미들과 같이 사나요?
A 다른 개미들과 같이 살아요.
Q 개미는 다리가 몇 개일까요?
A 6개예요.

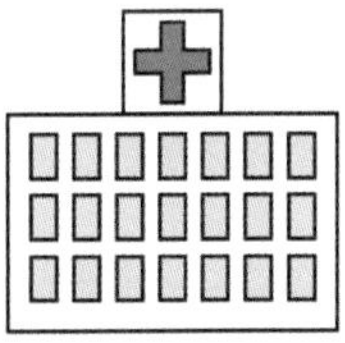

Q 여기는 어디일까요?
A 병원이에요.
Q 병원에는 누가 있나요?
A 의사, 간호사, 환자가 있어요.

3-2-10 대화 2

목표

장면에 대해 쭈욱말하기로 대화할 수 있다.

활동내용

- 치료사는 활동자료에 제시된 장면에 대해서 쭈욱말하기로 질문을 한다.
- 아동은 쭈욱말하기로 질문에 대답한다.
- 치료사는 장면 하나에 네 가지 질문을 한다.
- 아동이 대화에서 쭈욱말하기를 10회 중 9회 이상 바르게 수행하면 다음 단계를 진행한다.

활동자료

나는 쭈욱말하기를 할 수 있어요.

- ○ 여기가 어디예요?
- ○ 바다에서 친구들은 뭐하고 있나요?
- ○ 모래사장에서 친구들은 뭐하고 있나요?
- ○ 바닷가에서 있었던 일을 이야기해 보세요.

- ○ 여기가 어디예요?
- ○ 아버지가 무엇을 하고 있어요?
- ○ 아이들은 무엇을 하나요?
- ○ 거실에서 있었던 일을 이야기해 보세요.

3-2-11 대화 3

목표

연속장면에 대해 쭈욱말하기로 대화할 수 있다.

활동내용

- 치료사는 활동자료에 제시된 연속장면에 대해서 쭈욱말하기로 질문을 한다.
- 아동은 쭈욱말하기로 질문에 대답한다.
- 치료사는 연속장면에 대해 네 가지 질문을 한다.
- 아동이 대화에서 쭈욱말하기를 10회 중 9회 이상 바르게 수행하면 다음 단계를 진행한다.

활동자료

나는 쭈욱말하기를 할 수 있어요.

○ 첫 번째 장면에서 누가 의자에 앉아 있나요?
○ 두 번째 장면에서 이건 뭘까요?
○ 세 번째 장면에서 어떻게 가족사진이 나왔을까요?
○ 이 장면 이야기를 혼자서 순서대로 말해 주세요.

○ 첫 번째 장면에서 친구의 얼굴이 어떤가요?
○ 두 번째 장면에서 물을 왜 틀어 놨을까요?
○ 세 번째 장면에서 친구가 어떻게 되었나요?
○ 이 장면 이야기를 혼자서 순서대로 말해 주세요.

3-2-12 주제 대화하기

목표

특정 주제에 대해 쭈욱말하기로 대화할 수 있다.

활동내용

- 치료사는 활동자료에 제시된 대화 주제를 아동에게 선택하게 한다.
- 선택한 주제에 대해 치료사가 먼저 쭈욱말하기로 질문을 하고, 아동도 쭈욱말하기로 대답을 하게 한다.
- 나머지 주제는 역할을 바꾸어 아동이 쭈욱말하기로 질문을 하고, 치료사가 쭈욱말하기로 대답을 한다.
- 아동이 대화를 하는 동안 쭈욱말하기를 10회 중 9회 이상 바르게 수행하면 다음 단계를 진행한다.

활동자료

나는 쭈욱말하기를 할 수 있어요.

대화 주제

수박	바나나
• 수박은 어떻게 생겼나요? • 수박으로 어떤 요리를 할 수 있을까요? • 수박은 어디에서 자랄까요? • 수박은 어디에서 살 수 있나요? • 수박은 언제 주로 먹나요?	• 바나나는 어떻게 생겼나요? • 바나나로 어떤 요리를 할 수 있을까요? • 바나나는 어디에서 자랄까요? • 바나나는 어디에서 살 수 있나요? • 바나나를 좋아하는 동물은 누구인가요?

3-2-13 역할극하기

목표

역할극을 쭈욱말하기로 할 수 있다.

활동내용

- 시장놀이 역할극을 실시하기 위해 치료사와 아동이 배역을 정한다.
- 치료사와 아동은 역할극을 하는 동안 쭈욱말하기를 한다.
- 다음으로 치료사와 아동이 역할을 바꾸어 쭈욱말하기를 한다.
- 아동이 역할극을 하는 동안 쭈욱말하기를 10회 중 9회 이상 바르게 수행하면 다음 단계를 진행한다.

활동자료

나는 쭈욱말하기를 할 수 있어요.

역할극 주제: 시장놀이

역할: 주인, 손님

주인: ① 어서 오세요. 무엇을 드릴까요?

주인: ② 요즘은 참외나 수박이 제철이라 싸고 맛있지요.
주인: ③ 수박은 만 오천 원입니다.
주인: ④ 참외는 한 바구니 오천 원입니다.
주인: ⑤ 아이고 감사합니다. 이건 덤이에요.

손님: ❶ 과일을 사려고 하는데 요즘은 어떤 과일이 맛있나요?
손님: ❷ 수박은 얼마예요?
손님: ❸ 수박은 너무 비싸네요.
❹ 참외는 얼마예요?
손님: ❺ 그럼 참외로 주세요. 오천 원 여기 있어요.

3-3 살살말하기

3-3-1 단어

목표

끙끙말하기와 구별하여 살살말하기를 말할 수 있다.

활동내용

- 활동자료를 제시하면서 끙끙말하기와 살살말하기를 비교하여 설명한다.
- 치료사는 '아기'라는 단어를 끙끙말하기와 살살말하기로 말하는 것을 보여 준다(예: [힘을 주어] **아기** – [힘을 빼고] 아기).
- 아동도 치료사를 모방하여 단어를 끙끙말하기와 살살말하기로 한다.
- 활동에 제시된 그림의 단어들을 끙끙말하기와 살살말하기로 말한다.
- 아동이 단어 수준에서 끙끙말하기와 살살말하기를 10회 중 9회 이상 바르게 수행하면 다음 단계를 진행한다.

활동자료

나는 살살말하기를 할 수 있어요.

꽁꽁말하기는 온몸에 힘을 주어 말하는 것이고,
살살말하기는 온몸에 힘을 빼고 말하는 거야.
무거우니까 말하는 게 힘들어. 꽁꽁말하기를 하는 거야.
아기가 자니까 조용히 말해야 해.
살살말하기를 하는 거야.
선생님이 먼저 할 거야. 잘 듣고 선생님처럼 해 봐.

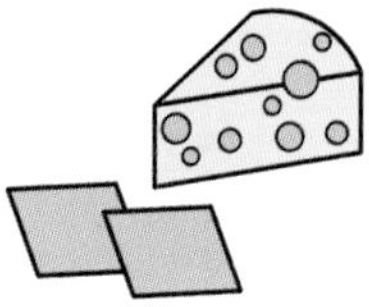

[힘을 주어] **치즈**

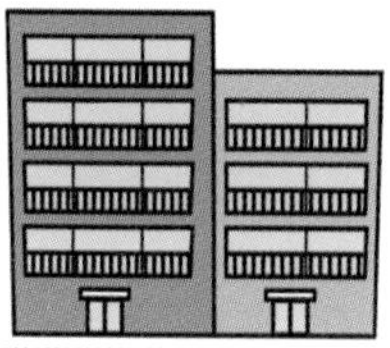

[힘을 빼고] 아파트

[힘을 주어] **비누**

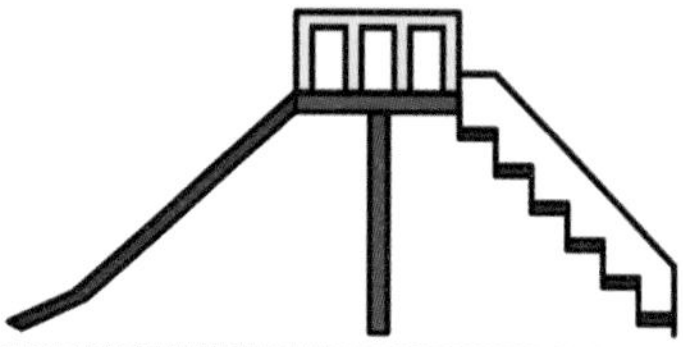

[힘을 빼고] 미끄럼틀

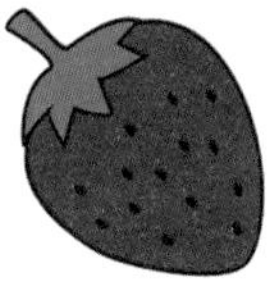

[힘을 주어] **딸기**

[힘을 빼고] 기린

3-3-2 단어 읽기

목표

단어 수준에서 살살말하기로 읽을 수 있다.

활동내용

- 치료사가 활동자료를 제시하면서 살살말하기로 단어로 읽는 것을 보여 준다.
- 아동은 치료사를 모방하여 살살말하기로 단어를 읽는다.
- 활동자료에 제시된 단어들을 살살말하기로 읽는다.
- 아동이 단어를 10회 중 9회 이상 바르게 수행하면 다음 단계를 진행한다.

유의사항

살살말하기를 수행하지 못하면 끙끙말하기와 살살말하기를 짝지어서 힘주는 것과 힘을 빼는 것을 비교하여 산출하도록 유도한다.

활동자료

나는 살살말하기로 읽을 수 있어요.

봄	시계
눈	휴지
별	의자
물	전화
칠	연필
개나리	반딧불이
휴대폰	동그라미
색종이	텔레비전
북극곰	비눗방울
에어컨	그림일기

3-3-3 문장

목표

문장 수준에서 살살말하기를 할 수 있다.

활동내용

- 활동자료를 제시하면서 문장의 첫 단어에서 살살말하기 하는 것을 보여 준다.
- 아동도 치료사를 모방하여 문장의 첫 단어를 살살말하기로 한다.
- 활동자료에 제시된 문장에서 밑줄 친 단어를 살살말하기로 한다.
- 아동이 문장 수준에서 살살말하기를 10회 중 9회 이상 바르게 수행하면 다음 단계를 진행한다.

활동자료

나는 살살말하기를 할 수 있어요.

다람쥐가 도토리를 먹어요(꿍꿍).
다람쥐가 도토리를 먹어요(살살).

호랑이가 **떡**을 들고 가요(꿍꿍).
호랑이가 떡을 들고 가요(살살).

토끼 인형이 **침대** 밑에 있어요(꿍꿍).
토끼 인형이 침대 밑에 있어요(살살).

토마토로 샌드위치를 만들어요(꿍꿍).
토마토로 샌드위치를 만들어요(살살).

3-3-4 복문

목표

복문 수준에서 살살말하기를 할 수 있다.

활동내용

- 치료사는 활동자료를 제시하면서 문장의 첫 단어에서 살살말하기를 하는 것을 보여준다.
- 아동은 치료사를 모방하여 문장의 첫 단어에서 살살말하기를 한다.
- 활동자료에 제시된 문장 중 밑줄 친 단어를 살살말하기로 말한다.
- 아동이 복문 수준에서 살살말하기를 10회 중 9회 이상 바르게 수행하면 다음 단계를 진행한다.

활동자료

나는 살살말하기를 할 수 있어요.

더러운 손으로 먹어서, **배탈** 났어요.
더러운 손으로 먹어서, 배탈 났어요.

풍선을 놓치니까, **새**가 가져다줬어요.
풍선을 놓치니까, 새가 가져다줬어요.

3-3-5 문장 읽기

목표

문장 수준에서 살살말하기로 읽을 수 있다.

활동내용

- 치료사는 활동자료를 제시하면서 치료사가 첫 문장을 살살말하기로 읽는 것을 보여준다.
- 아동도 치료사를 모방하여 단문을 살살말하기로 읽는다.
- 다음으로 활동자료에 제시된 복문에서 밑줄 친 단어를 살살말하기로 읽는다.
- 아동이 문장 수준에서 살살말하기로 10회 중 9회 이상 바르게 읽으면 다음 단계를 진행한다.

활동자료

나는 살살말하기로 읽을 수 있어요.

〈단문〉

나는 병원에 갑니다.	병원에서 주사를 맞아요.
의사선생님이 환자를 진찰해요.	간호사가 체온계로 열을 재요.
나는 엄마랑 어제 병원에 갔어요.	동네 병원 옆에 약국이 있어요.

〈복문〉

기침이 나서 병원에 가요.	약을 먹고 열이 내렸어요.
의사는 진찰하고, 간호사는 주사를 놔요.	다친 곳에 소독하고 약을 발랐어요.

3-3-6 이야기

목표

이야기 수준에서 살살말하기를 할 수 있다.

활동내용

- 치료사는 활동자료를 제시하면서 이야기를 할 때 살살말하기를 보여 준다.
- 아동도 치료사를 모방하여 이야기할 때 살살말하기를 한다.
- 아동이 두 번째 이야기를 할 때 치료사가 손을 들면 살살말하기를 한다.
- 아동이 이야기 수준에서 살살말하기를 10회 중 9회 이상 바르게 수행하면 다음 단계를 진행한다.

활동자료

나는 살살말하기를 할 수 있어요.

다람쥐 형제는 밤을 열심히 주웠어요. 그런데 여우가 나무 위에서 다람쥐 형제에게 밤송이를 던졌어요. 다람쥐 형제가 아파하는 동안 여우는 밤을 훔쳐서 도망을 갔어요. 여우가 도망가다가 나무에 걸려서 넘어졌어요.

고양이가 걸어가는데 장갑이 떨어져 있었어요. 고양이는 장갑을 주워서 자기 손에 끼었어요. 그런데 토끼가 급하게 달려와서 "그 장갑 내 거야."라고 이야기했어요. 그래서 고양이는 토끼에게 장갑을 돌려주었고, 토끼는 귀에 장갑을 끼고 돌아갔어요.

3-3-7 문단 읽기

목표

문단 수준에서 살살말하기로 읽을 수 있다.

활동내용

- 치료사는 자료를 제시하면서 문단을 읽을 때 밑줄 친 단어에서 살살말하기 하는 것을 보여 준다.
- 아동도 치료사를 모방하여 밑줄 친 단어를 살살말하기로 읽는다.
- 두 번째 읽기자료는 아동이 살살말하기 할 단어를 선택하여 밑줄을 긋게 하고 해당 단어를 살살말하기로 읽는다.
- 아동이 문단 읽기에서 살살말하기를 10회 중 9회 이상 바르게 수행하면 다음 단계를 진행한다.

활동자료

나는 살살말하기로 읽을 수 있어요.

할머니는 뭐든 깜빡깜빡 잘 잊어버려요. 뭘 어디에 뒀는지, 무얼 하려고 했는지 잊어버리기가 일쑤였어요. 하루는 할머니가 길을 가는데 토끼가 할머니에게 물었어요. "할머니, 어디 가세요?" 그런데 할머니는 어디 가는지 깜빡 잊었지 뭐예요. "글쎄다. 내가 어디 가는 길이었더라?" 할머니는 곰곰이 생각해 보아도 어디를 가려 했는지 떠오르지 않았어요.

한 남자에게 세 친구가 있었어요. 남자는 첫 번째 친구를 가장 소중하게 생각했어요. 두 번째 친구는 좋아하긴 하지만 첫 번째 친구만큼은 아니었어요. 세 번째 친구에게는 두 친구만큼 관심을 갖고 있지 않았어요. 어느 날 누군가 남자의 집에 찾아와 똑똑 두드렸어요. 남자가 나가 보니 국왕이 보낸 사신이었어요.

3-3-8 대화 1

목표

단어그림에 대해 살살말하기로 대화할 수 있다.

활동내용

- 치료사는 활동자료에 제시된 단어그림에 대해 살살말하기로 질문한다.
- 아동은 살살말하기로 질문에 대답한다.
    - (살살) 이건 뭐야?
    - (살살) 밥이에요.
- 치료사는 단어그림 하나에 두 가지 이상 질문한다.
- 아동과 치료사가 역할을 바꾸어 살살말하기로 질문하고 대답한다.
- 아동이 대화에서 살살말하기를 10회 중 9회 이상 바르게 수행하면 다음 단계를 진행한다.

활동자료

나는 살살말하기를 할 수 있어요.

Q 이건 뭐예요?
A 밥이에요.
Q 우리는 언제 밥을 먹나요?
A 아침, 점심, 저녁에 밥을 먹어요.

Q 생선은 어디에서 살까요?
A 마트에서 사요.
Q 이 생선은 뭘까요?
A 고등어예요.

Q 거울은 언제 보나요?
A 엄마가 화장할 때요.
Q 거울을 통해서 글자를 보면 어떨까요?
A 글자가 거꾸로 보여요.

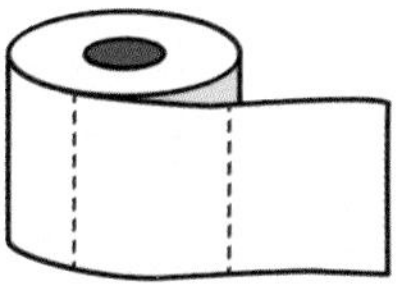

Q 휴지는 언제 쓰나요?
A 닦을 때 써요.
Q 휴지가 물에 들어가면 어떻게 되나요?
A 휴지가 물에 젖어요.

3-3-9 대화 2

목표

장면에 대해 살살말하기로 대화할 수 있다.

활동내용

- 치료사는 활동자료에 제시된 장면에 대해서 살살말하기로 질문을 한다.
- 아동은 살살말하기로 질문에 대답한다.
- 치료사는 장면 하나에 네 가지 질문을 한다.
- 아동이 대화에서 살살말하기를 10회 중 9회 이상 바르게 수행하면 다음 단계를 진행한다.

활동자료

나는 살살말하기를 할 수 있어요.

○ 여기가 어디예요?
○ 친구는 무엇을 들고 있나요?
○ 친구가 무엇을 했을까요?
○ 욕실에서 있었던 일을 이야기해 보세요.

○ 여기가 어디예요?
○ 놀이터에서 아이들이 무엇을 하고 있나요?
○ 그네가 타고 싶으면 어떻게 해야 할까요?
○ 놀이터에서 있었던 일을 이야기해 보세요.

3-3-10 대화 3

목표

연속장면에 대해 살살말하기로 대화할 수 있다.

활동내용

- 치료사는 활동자료에 제시된 연속장면에 대해서 살살말하기로 질문을 한다.
- 아동은 살살말하기로 질문에 대답한다.
- 치료사는 연속장면에 대해 네 가지 질문을 한다.
- 아동이 대화에서 살살말하기를 10회 중 9회 이상 바르게 수행하면 다음 단계를 진행한다.

활동자료

나는 살살말하기를 할 수 있어요.

- ○ 첫 번째 장면에서 엄마와 아이는 무엇을 하고 있나요?
- ○ 두 번째 장면에서 엄마와 아이는 무엇을 하고 있나요?
- ○ 세 번째 장면에서 엄마는 아이에게 무엇을 해 주고 있나요?
- ○ 이 장면 이야기를 혼자서 순서대로 말해 주세요.

- ○ 첫 번째 장면에서 아이는 무엇을 들고 있나요?
- ○ 두 번째 장면에서 아이는 도넛을 어떻게 했나요?
- ○ 세 번째 장면에서 도넛 상자는 어떻게 되었을까요?
- ○ 이 장면 이야기를 혼자서 순서대로 말해 주세요.

3-3-11 대화 4

목표

특정 주제에 대해 살살말하기로 대화할 수 있다.

활동내용

- 치료사는 활동자료에 제시된 대화 주제를 아동에게 선택하게 한다.
- 선택한 주제에 대해 치료사가 먼저 살살말하기로 질문을 하고, 아동도 살살말하기로 대답을 하게 한다.
- 나머지 주제는 역할을 바꾸어 아동이 살살말하기로 질문을 하고, 치료사가 살살말하기로 대답을 한다.
- 아동이 대화를 하는 동안 살살말하기를 10회 중 9회 이상 바르게 수행하면 다음 단계를 진행한다.

활동자료

나는 살살말하기를 할 수 있어요.

대화 주제

병원	경찰서
• 병원은 어떨 때 가나요? • 병원에는 누구누구가 있나요? • 병원에 가서 무엇을 하나요? • 아픈 사람이 병원에 갈 때 무엇을 타고 가나요? • 언제 병원에 가 봤나요?	• 경찰서에는 어떨 때 가나요? • 경찰서에는 누가 있나요? • 경찰서에 가서 무엇을 하나요? • 길 잃은 아이가 경찰서에 갈 때 경찰관 아저씨와 무엇을 타고 가나요? • 언제 경찰서에 가 봤나요?

3-3-12 역할극하기

목표

역할극을 살살말하기로 할 수 있다.

활동내용

- 치료사는 활동자료에 제시된 택시 타기 역할극을 실시하기 위해 아동과 배역을 정한다.
- 치료사와 아동은 역할극을 하는 동안 살살말하기를 한다.
- 다음으로 치료사와 아동이 역할을 바꾸어 살살말하기를 한다.
- 아동이 역할극을 하는 동안 살살말하기를 10회 중 9회 이상 바르게 수행하면 다음 단계를 진행한다.

활동자료

나는 살살말하기를 할 수 있어요.

역할극 주제: 택시 타기

역할: 기사, 손님

기사: ① 어서 오세요. 어디로 가시나요?
기사: ② 통통병원이 어디예요?
기사: ③ 아~ 네. 알겠습니다. 어디가 아파서 병원에 가세요?
기사: ④ 그러시구나. 아이고, 다 왔습니다.
기사: ⑤ 오천 원입니다.

손님: ❶ 통통병원으로 가 주세요.
손님: ❷ 통통시장 옆에 있는 통통병원요.
손님: ❸ 제가 아파서 병원 가는 게 아니구요. 병원에 병문안 가는 길이에요.
손님: ❹ 감사합니다.
손님: ❺ 네. 여기 오천 원 있습니다.

3-4 통통/쭈욱/살살말하기

목표

통통/쭈욱/살살말하기로 역할극을 할 수 있다.

활동내용

- 활동자료를 제시하며 세 가지 말하기 방법을 종합적으로 연습한다.
- 아동은 먼저 말하기 방법을 선택한다(통통말하기, 쭈욱말하기, 살살말하기).
- 다음으로 아동은 주제를 선정한다.
- 아동이 선택한 주제로 역할극을 하면서, 선택한 말하기 방법을 사용한다.
- 아동이 역할극을 하는 동안 통통/쭈욱/살살말하기를 10회 중 9회 이상 바르게 수행하면 다음 단계를 진행한다.

활동자료

나는 통통/쭈욱/살살말하기를 할 수 있어요.

역할극 주제	통통 말하기 	쭈욱 말하기 	살살 말하기 
1. 가게에서 과자 사기 역할 점원, 손님	( )	( )	( )
2. 길에서 버스정류장 묻기 역할 묻는 사람, 대답하는 사람	( )	( )	( )
3. 부모님께 생일선물에 대해 감사표현하기 역할 엄마 또는 아빠, 아이	( )	( )	( )
4. 친구에게 준비물 묻기 역할 친구, 친구	( )	( )	( )

4장

말더듬 확인 단계

4단계

말더듬 확인 단계

[단계 목표]

이 단계는 유창성 증진을 위하여 말더듬 행동을 확인하게 하는 것이 목표이다. 간접치료로 말더듬이 회복되는 경우에는 이 단계를 수행하지 않아도 된다. 간접치료를 실시하여도 회복이 안 되거나 심화되는 경우에 직접치료를 해야 하며, 직접치료 첫 시작에서 말더듬 행동을 판별하게 한다. 아동이 말더듬 핵심행동(반복, 연장, 막힘)과 부수행동(도피행동, 회피행동)의 유무와 유형을 판별하게 함으로써 변화되어야 할 말더듬 행동이 무엇인지를 인식하게 한다. 또한 마인드맵으로 말더듬, 유창한 말, 자신의 말에 대한 아동의 내면을 확인하게 한다.

[단계 구성]

- 말더듬 핵심행동(반복, 연장, 막힘)의 유무 판별
- 말더듬 핵심행동(반복, 연장, 막힘)의 유형 판별
- 말더듬 부수행동(도피행동, 회피행동)의 유무 확인
- 말더듬, 유창한 말, 나의 말의 인식 확인

[활용 방법]

직접치료를 하는 아동부터 이 단계를 실시하므로 대상 아동의 대부분은 자신이 말을 더듬는다는 것을 인식하고 있다. 다른 사람의 말더듬 행동을 찾아내는 활동으로 시작하여 자신의 말더듬 행동의 유무와 유형을 판별하는 활동으로 진행한다. 중재 전에 활동자료와 활동내용을 충분히 숙지한 후 준비물이 필요한 경우에는 미리 준비한다. 그림자료는 이 활동자료집의 그림을 그대로 사용하고, '말더듬 행동이 나타날 때마다 구슬을 다른 통으로 옮기기' 등과 같이 구슬과 통이 필요한 경우에는 중재 전에 미리 준비해 둔다. 아동에 따라 말더듬 행동의 유무 판별 활동만 실시할 수도 있고, 핵심행동 중 아동에게 나타나지 않는 행동은 실시하지 않아도 되며, 부수행동 또한 나타나지 않는 경우에는 실시하지 않는다. 이 단계의 마지막 단계에서 치료사는 마인드맵을 통하여 아동이 말더듬, 유창한 말, 자신의 말에 대해서 어떻게 인식하고 있는지를 확인함으로써 아동이 유창한 화자가 되도록 돕는다.

4-1 말더듬 유무 판별

목표

말더듬 행동의 유무를 판별할 수 있다.

활동내용

- 치료사가 말을 하는 동안 더듬을 때 책상을 두드리면서 판별하는 것을 보여 준다.
- 치료사가 말을 하는 동안 더듬을 때 치료사와 아동이 함께 책상을 두드린다.
- 치료사가 말을 하는 동안 더듬을 때 아동이 혼자서 책상을 두드린다.
- 아동이 치료사의 말더듬을 10회 중 9회 이상 바르게 판별하면 아동 자신의 말더듬을 판별하는 활동으로 넘어간다.
- 역할을 바꾸어 아동이 말을 하는 동안 더듬으면 치료사가 책상을 두드리면서 판별하는 것을 보여 준다.
- 아동이 말을 하는 동안 더듬으면 치료사와 아동이 함께 책상을 두드린다.
- 아동이 말을 하는 동안 더듬으면 아동이 혼자서 책상을 두드린다.
- 아동이 자신의 말더듬을 10회 중 9회 이상 바르게 판별하면 다음 단계를 진행한다.

활동자료

○ 말을 더듬을 때마다 구슬을 다른 통으로 옮기기
○ 말을 더듬을 때마다 손을 들기
○ 말을 더듬을 때마다 깃발을 들기
○ 말을 더듬을 때마다 버튼을 누르기
○ 말을 더듬을 때마다 동그라미 그리기

TIP 판별은 여러 가지 활동으로 할 수 있다. 그러나 발화를 하면서 판별이 이루어져야 하므로 말하는 데 방해가 되지 않는 활동이어야 한다.

4-2 말더듬 핵심행동(반복) 판별

목표

말더듬 핵심행동 중 반복의 유무를 판별할 수 있다.

활동내용

- 치료사는 활동자료를 제시하면서 말더듬 핵심행동 중 반복을 설명한다.
- 치료사가 단어, 음절, 음소를 반복하는 것을 보여 준다.
- 치료사가 단어를 말할 때 아동은 반복의 유무를 판별한다.
- 치료사가 말하는 단어에서 반복의 유무를 10회 중 9회 이상 바르게 판별하면 다음 단계를 진행한다.

활동자료

나는 말더듬(반복)을 판별할 수 있어요.

자자자동차

말을 할 때 같은 말을 여러 번 되풀이 하는 것을 반복이라고 해.

단어반복	음절반복	음소반복
자동차자동차	자자자자동차	ㅈㅈ자동차

	단어	판별			단어	판별	
		○	×			○	×
1	ㄱㄱ곰			6	오오징어		
2	사자			7	ㅍㅍㅍ표범		
3	토토토토끼			8	원숭이		
4	하마하마			9	낙타		
5	기린			10	고양고양이		

4-3 말더듬 핵심행동(연장) 판별

목표

말더듬 핵심행동 중 연장의 유무를 판별할 수 있다.

활동내용

- 치료사는 활동자료를 제시하면서 말더듬 핵심행동 중 연장을 설명한다.
- 치료사는 자음, 모음으로 시작하는 단어 연장을 보여 준다.
- 치료사가 단어를 말할 때 아동은 연장의 유무를 판별한다.
- 치료사가 말하는 단어에서 연장의 유무를 10회 중 9회 이상 바르게 반응하면 다음 단계를 진행한다.

활동자료

나는 말더듬(연장)을 판별할 수 있어요.

말을 할 때 하나의 말소리가 길게
계속되는 것을 연장이라고 해.

자음(마찰음) 연장	모음 연장

ㅅ-- --사과	우------우산

	단어	판별			단어	판별	
		○	×			○	×
1	ㅅ------수박			6	파인애플		
2	딸기			7	토마토		
3	오------이			8	ㅅ------시금치		
4	자두			9	우------유		
5	ㅎ------호박			10	배추		

4-4 말더듬 핵심행동(막힘) 판별

목표

말더듬 핵심행동 중 막힘의 유무를 판별할 수 있다.

활동내용

- 치료사는 활동자료를 제시하면서 말더듬 핵심행동 중 막힘을 설명한다.
- 치료사가 자음, 모음으로 시작하는 단어를 말할 때 막힘을 보여 준다.
- 치료사가 단어를 말할 때 아동은 막힘의 유무를 판별한다.
- 치료사가 말하는 단어에서 막힘의 유무를 10회 중 9회 이상 바르게 판별하면 다음 단계를 진행한다.

활동자료

나는 말더듬(막힘)을 판별할 수 있어요.

말을 할 때 호흡이 정지되고
조음기관이 멈추어져서 말소리를
내지 못하는 것을 막힘이라고 해.

파열음 막힘	파찰음 막힘	모음 막힘
(막힘) 당나귀	(막힘) 자동차	(막힘) 우산

	단어	판별			단어	판별	
		○	×			○	×
1	자동차			6	(막힘) 버스		
2	(막힘) 트럭			7	헬리콥터		
3	비행기			8	(막힘) 자전거		
4	(막힘) 배			9	(막힘) 캥거루		
5	택시			10	잠수함		

4-5 말더듬 핵심행동 유무 판별

목표

말더듬 핵심행동(반복, 연장, 막힘)의 유무를 판별할 수 있다.

활동내용

- 활동자료에 제시한 말더듬 행동이 아동에게 해당되면 체크하게 한다.
- 치료사가 말을 할 때 말더듬 행동이 나타나면 아동이 손을 들게 한다.
- 아동이 치료사의 말더듬을 10회 중 9회 이상 바르게 판별하면 아동 자신의 말더듬을 판별하는 활동으로 넘어간다.
- 아동이 말을 할 때 자신의 말더듬 행동의 유무를 판별하게 한다.
- 바르게 판별할 때마다 활동자료의 그림판에 색칠을 하게 한다.
- 아동이 자신의 말더듬을 10회 중 9회 이상 바르게 판별하면 다음 단계를 진행한다.

활동자료

나는 말더듬을 판별할 수 있어요.

나의 말더듬 행동은…….	예	아니요
1. 음절이나 단어를 여러 번 되풀이해요.		
2. 단어를 말할 때 말소리가 지속돼요.		
3. 말하려고 할 때 호흡이 정지되고 말소리가 나오지 않아요.		

TIP 읽을 수 없는 아동은 치료사가 "○○는 음절이나 단어를 여러 번 되풀이하나요?"와 같이 질문할 수 있다.

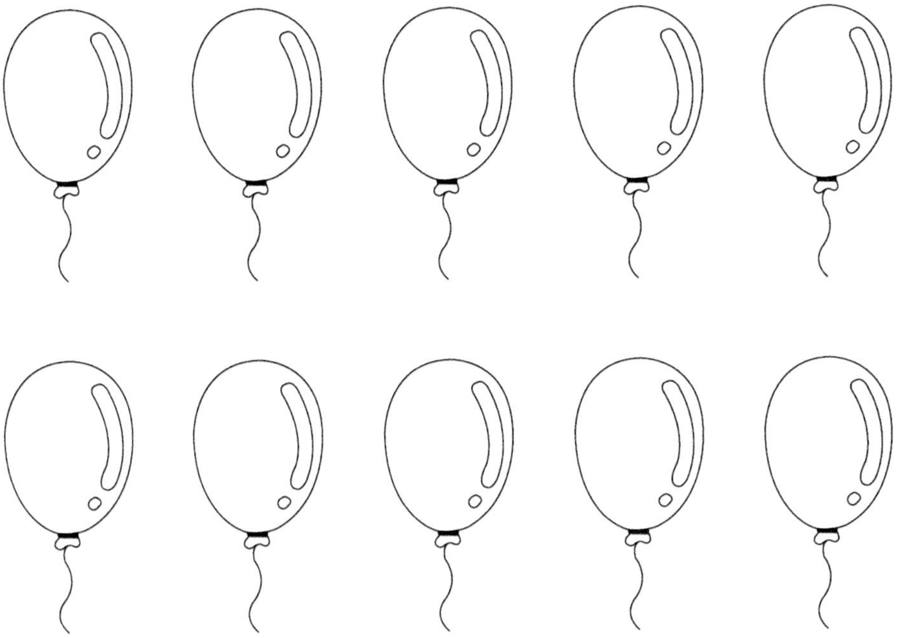

4-6 치료사의 말더듬 핵심행동 유형 판별

목표

치료사의 말더듬 핵심행동의 유형을 판별할 수 있다.

활동내용

- 치료사가 말을 할 때 말더듬의 유형을 판별하게 한다.
- 치료사가 말을 할 때 말더듬 유형 중 반복은 ○로, 연장은 △로, 막힘은 □로 표시하게 한다.
- 치료사는 활동자료를 보면서 다음과 같이 말한다.

> 우우우리(우리) 몸(몸)에는 필요 없는 것이 없어요. 초승초승달처럼(초승달처럼) 생긴 눈썹도 꼭 필요해요. 더운더운(더운) 날에 뛰어놀면 이마에 땀이 흘러요. 눈~썹이(눈썹이) 없으면 땀이 눈에 들어가서 따~끔거릴 거예요. (막힘) 비가 올 때도 (막힘) 빗물을 막아 눈을 보호해 줘요.

- 치료사의 말을 듣고 말더듬이 나타난 단어를 말하게 한다.
- 치료사의 말을 듣고 나타난 말더듬 유형을 말하게 한다.
- 치료사의 말을 듣고 말더듬 유형을 10회 중 9회 이상 바르게 판별하면 다음 단계를 진행한다.

활동자료

나는 말더듬 유형을 판별할 수 있어요.

선생님이 하는 말을 잘 듣고 어떤
단어에서 더듬었는지, 그리고 그 단어를
어떻게 더듬었는지 말해 보자.

- 우리 몸에는 필요 없는 것이 없어요.
- 초승달처럼 생긴 눈썹도 꼭 필요해요.
- 더운 날에 뛰어놀면 이마에 땀이 흘러요.
- 눈썹이 없으면 땀이 눈에 들어가서 따끔거릴 거예요.
- 비가 올 때도 빗물을 막아 눈을 보호해 줘요.

4-7 자신의 말더듬 핵심행동 유형 판별

목표

아동이 자신의 말더듬 핵심행동의 유형을 판별할 수 있다.

활동내용

- 치료사의 말을 듣고 들은 말의 내용을 아동이 다시 말하게 한다.
- 아동이 말을 할 때 나타난 더듬은 단어와 말더듬의 유형을 판별하게 한다.
- 아동이 말을 하면서 말더듬이 나타났을 때 말더듬 유형을 10회 중 9회 이상 바르게 판별하면 다음 단계를 진행한다.

활동자료

나는 말더듬 유형을 판별할 수 있어요.

선생님이 하는 말을 잘 듣고 다시 말해 보자.
네가 말할 때 말을 더듬었는지와
어떻게 더듬었는지 말해 보자.

– 우리 몸에는 필요 없는 것이 없어요.
– 초승달처럼 생긴 눈썹도 꼭 필요해요.
– 더운 날에 뛰어놀면 이마에 땀이 흘러요.
– 눈썹이 없으면 땀이 눈에 들어가서 따끔거릴 거예요.
– 비가 올 때도 빗물을 막아 눈을 보호해 줘요.

4-8 말더듬 부수행동 이해

목표

말더듬 부수행동을 이해할 수 있다.

활동내용

- 말더듬 핵심행동과 함께 나타나는 부수행동을 설명한다.
- 활동자료를 제시하면서 말더듬 부수행동 중 긴장을 설명한다.
- 활동자료를 제시하면서 말더듬 부수행동 중 도피행동을 설명한다.
- 활동자료를 제시하면서 말더듬 부수행동 중 회피행동을 설명한다.
- 아동이 치료사가 제시하는 각 부수행동을 바르게 이해하면 다음 단계를 진행한다.

활동자료

나는 말더듬 부수행동을 이해할 수 있어요.

말소리나 단어를 더듬을 때 신체에 힘이
많이 들어가는 것을 긴장이라고 해.

말을 더듬을 때 더듬지 않으려고
눈 깜빡이기, 머리 끄덕이기, 발 굴리기 등을
하는 것을 도피행동이라고 해.

말을 하기 전에 더듬을 것 같아서
모르는 척하거나 다른 말로 바꾸어서
말하는 것을 회피행동이라고 해.

4-9 말더듬 부수행동(도피) 확인

목표

말더듬 부수행동 중 도피행동을 확인할 수 있다.

활동내용

- 활동자료에 있는 도피행동 목록표를 보여 주면서 아동에게 해당하는 행동을 찾게 한다.
- 말을 더듬을 때 눈 깜빡임, 머리 흔들기, 신체적 긴장, 목 가다듬기 등이 나타나는지 '예/아니요'로 답하게 한다.
- 아동이 자신에게 나타난 도피행동을 바르게 체크하면 다음 단계를 진행한다.

활동자료

나는 도피행동을 확인할 수 있어요.

말을 더듬을 때 이런 행동이 나타나요(도피행동 목록).	예	아니요
1. 눈을 깜빡여요.		
2. 머리를 끄덕여요.		
3. 코를 킁킁하거나 찡그려요.		
4. 눈동자가 커져요.		
5. 어깨가 올라가요.		
6. 손을 흔들거나 발을 굴려요.		
7. 혀를 내밀어요.		
8. 목을 가다듬어요.		
9. 한숨을 쉬거나 숨을 들이마셔요.		
10. 얼굴 근육을 찡그려요.		

4-10 말더듬 부수행동(회피) 확인

목표

말더듬 부수행동 중 회피행동을 확인할 수 있다.

활동내용

- 활동자료에 있는 회피행동 목록표를 보여 주면서 아동에게 해당하는 행동을 찾게 한다.
- 말을 더듬기 전에 활동자료에 있는 거부행동, 바꾸어 말하기, 연기책 등이 나타나는지 '예/아니요'로 답하게 한다.
- 아동이 자신에게 나타난 회피행동을 바르게 체크하면 다음 단계를 진행한다.

활동자료

나는 회피행동을 확인할 수 있어요.

말을 더듬기 전에 이렇게 해요(회피행동 목록).	예	아니요
1. 다른 사람과 말하는 것을 피해요.		
2. 다른 사람이 나 대신 말하게 해요.		
3. 어떤 특정 음이나 단어 말하는 것을 피해요.		
4. 쉬운 단어로 말을 시작한 다음 더듬을 것 같은 단어를 말해요.		
5. 더듬을 것 같은 단어와 비슷한 의미의 다른 단어를 말해요.		
6. 더듬을 것 같은 단어 대신 단어의 의미를 설명해요.		
7. 말을 꼭 해야 되는 것이 아닐 때는 모르는 척해요.		
8. 더듬을 것 같을 때 '어', '음', '있지'와 같은 말로 시간을 끌어요.		
9. 더듬을 것 같으면 특이한 형식으로 웃으면서 말해요.		
10. 더듬을 것 같으면 할 말을 잊어버린 척해요.		

4-11 말더듬과 유창한 말의 인식

목표

말더듬과 유창한 말의 특성을 맵으로 표현함으로써 나의 말을 인식할 수 있다.

활동내용

- 말더듬 행동에 대하여 연상되는 단어를 맵에 그리게 함으로써 말더듬에 대한 인식을 알아본다.
- 자신의 말에 대하여 연상되는 단어를 맵에 그리게 함으로써 자신의 말에 대한 인식을 알아본다.
- 유창한 말에 대하여 연상되는 단어를 맵에 그리게 한다.

활동자료

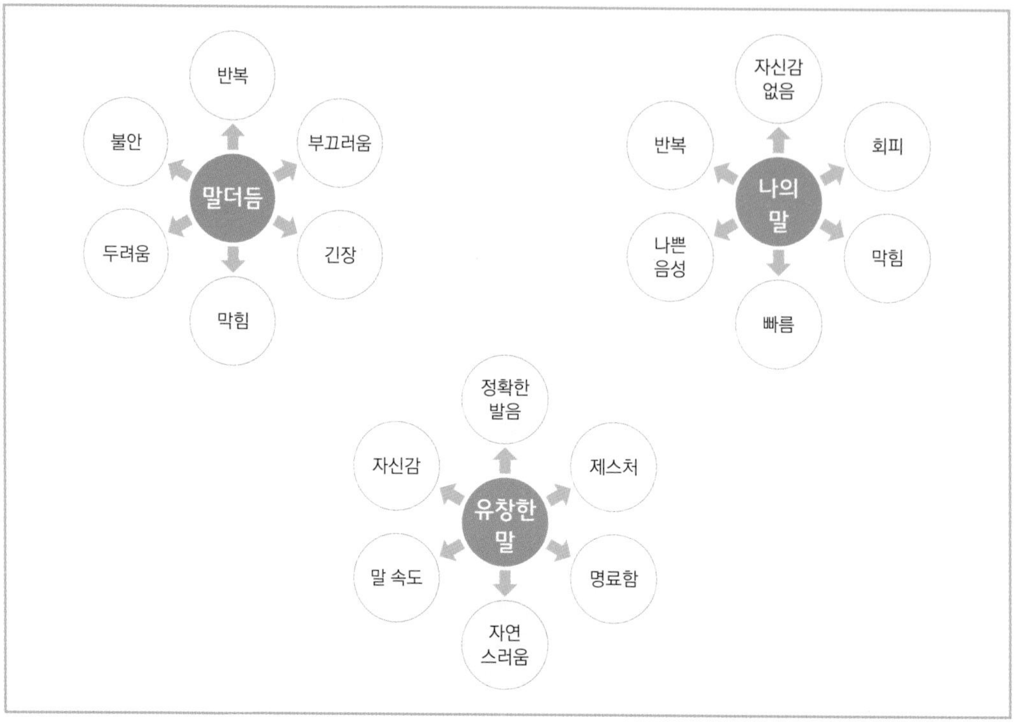
말더듬
반복
부끄러움
긴장
막힘
두려움
불안
나의 말
자신감 없음
회피
막힘
빠름
나쁜 음성
반복
유창한 말
정확한 발음
제스처
명료함
자연 스러움
말 속도
자신감

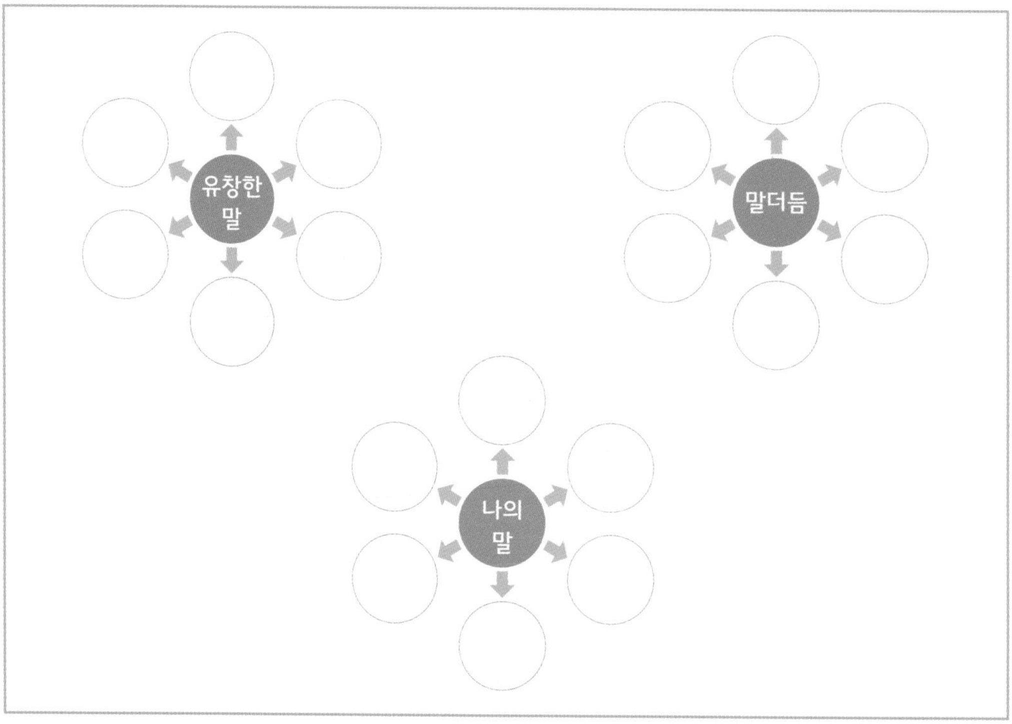
유창한 말
말더듬
나의 말

5장

말더듬 수정 단계

5단계

말더듬 수정 단계

[단계 목표]

2단계에서는 말 패턴을 조절하는 연습을 하였고, 3단계에서는 말 시작을 조절하는 연습을 하였다. 앞의 두 단계를 실시하고도 말더듬이 나타난다면 나타난 말더듬 순간에 대한 중재가 필요하다. 그러기 위해서는 먼저 말더듬 순간을 확인할 수 있어야 하므로 4단계의 말더듬 확인 단계를 실시하고, 아동이 자신의 말더듬을 확인할 수 있다면 확인한 말더듬을 여러 가지 방법으로 수정하여 유창하게 발화하는 것을 목표로 한다.
이 단계는 말더듬 수정법 중 취소, 빠져나오기, 예비세트와 유사하게 의도적인 말더듬을 하다가(끙끙말하기) 멈추고(얼음) 다시 부드럽게 말한다(땡). 그런 다음 의도적인 말더듬 중에 멈추고, 부드럽게 말하기와 말을 더듬기 전에(쉿) 멈추고(얼음) 부드럽게 말하는(땡) 연습을 한다.
이 단계는 발생한 말더듬을 수정하여 부드럽게 말하는 연습으로 끙끙-얼음-땡, 끙-얼음-땡, 쉿-얼음-땡으로 구성된다. 각 기법은 단어, 문장, 복문, 이야기 등의 순서로 말하기와 읽기에서 연습할 수 있도록 하였으며, 마지막에는 대화와 역할극에서 연습하여 일반화를 촉진할 수 있다.
아동이 4단계에서 자신의 말더듬을 확인할 수 없다면 이 단계를 수행할 수 없다.

[단계 구성]

- 끙끙-얼음-땡: 단어, 단어 읽기, 문장, 복문, 문장 읽기, 이야기, 문단 읽기, 대화 1~4, 이야기
- 끙-얼음-땡: 단어, 단어 읽기, 문장, 복문, 문장 읽기, 이야기, 문단 읽기, 대화 1~4, 이야기
- 쉿-얼음-땡: 단어, 단어 읽기, 문장, 복문, 문장 읽기, 이야기, 문단 읽기, 대화 1~4, 이야기
- 다른 방식으로 말하기(다시 말하기, 연장하기, 삽입어 넣어 말하기, 멈추기 등)

[활용 방법]

이 단계는 크게 세 부분으로 나뉜다. 먼저, 말더듬이 나타났을 때 수정하기 위한 연습으로 끙끙-얼음-땡을 할 수 있다. 의도적으로 끙끙말하기를 하고 이를 멈추고(얼음), 이완하여(땡) 다시 부드럽게 말하는 단계를 의미한다.
끙끙-얼음-땡을 숙련되게 사용할 수 있다면 끙-얼음-땡 연습으로 넘어간다. 이번에는 끙끙말하기를 하는 도중에 멈추고(얼음), 이완하여(땡), 다시 부드럽게 말하는 단계이다.
끙-얼음-땡이 끝나면 쉿-얼음-땡 연습으로 넘어가는데, 이때에는 끙끙말하기를 하기 전 멈추고(얼음), 이완하여(땡), 다시 부드럽게 말한다.
이러한 연습이 모두 이루어진다면 아동은 말더듬이 나타나거나 나타날 것 같을 때 스스로 멈추고 쉽고 부드럽고 유창하게 말을 시작할 수 있을 것이다.

5-1 끙끙-얼음-땡

5-1-1 단어

목표

단어 수준에서 끙끙-얼음-땡을 할 수 있다.

활동내용

- 치료사는 활동자료를 제시하면서 끙끙-얼음-땡을 설명한다.
- 치료사는 활동자료에 제시된 단어를 말할 때 '끙끙'말하기를 하고 나서 '얼음' 하고 멈추는 것을 보여 준다(단어를 끝까지 말하고 나서 멈춤).
- 아동도 치료사를 모방하여 '끙끙-얼음'을 한다.
- 치료사는 단어를 말할 때 '끙끙'말하기로 먼저 말하고, '얼음'을 가리키며 멈춘 다음, '땡'을 가리키며 긴장을 이완한 후 살살말하기로 다시 말하는 것을 보여 준다.
- 아동도 치료사를 모방하여 끙끙-얼음-땡을 한다.
- 아동이 단어 수준에서 끙끙-얼음-땡을 10회 중 9회 이상 바르게 수행하면 다음 단계를 진행한다.

활동자료

나는 끙끙-얼음-땡을 할 수 있어요.

끙끙은 말할 때 힘을 주어 말하는 거야.
얼음은 '끙끙'하는 것을 멈추는 거야.
땡은 힘을 빼고 하려던 말을 살살말하기로 다시 하는 거야.

하려던 말	끙끙	얼음	땡	살살
			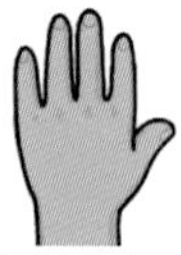	
사과	사과	(얼음)	(땡)	사~과

빗

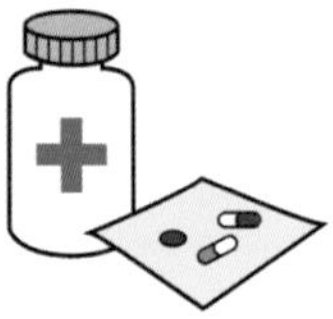

약

가위

연필

소방관

휴지통

5-1-2 단어 읽기

목표

단어 수준에서 끙끙-얼음-땡으로 읽을 수 있다.

활동내용

- 치료사는 활동자료에 있는 단어를 제시하면서 끙끙-얼음-땡으로 읽는 것을 보여 준다.
- 아동은 단어를 읽을 때 '끙끙말하기'로 읽고, 치료사가 '얼음' 하면 멈춘 후, '땡' 하면 긴장을 이완하여 '살살말하기'로 다시 읽는다.
- 아동이 단어 수준에서 끙끙-얼음-땡으로 10회 중 9회 이상 바르게 읽으면 다음 단계를 진행한다.

활동자료

나는 끙끙-얼음-땡으로 읽을 수 있어요.

물	양파
햄	두부
김	카레
면	미역
돈	감자
오징어	해바라기
콩나물	파인애플
고구마	코스모스
복숭아	된장찌개
떡볶이	김치볶음밥

5-1-3 문장

목표

문장 수준에서 끙끙-얼음-땡을 할 수 있다.

활동내용

- 치료사는 활동자료를 제시하면서 문장의 첫 단어를 말할 때 끙끙-얼음-땡 하는 것을 보여 준다.
- 아동도 치료사를 모방하여 문장의 첫 단어를 '끙끙말하기'로 하고, 치료사가 '얼음' 하면 멈추고 '땡' 하면 긴장을 이완하고 했던 말을 '살살말하기'로 다시 말한다.
- 아동이 문장 수준에서 끙끙-얼음-땡을 10회 중 9회 이상 바르게 수행하면 다음 단계를 진행한다.

활동자료

나는 꽁꽁-얼음-땡을 할 수 있어요.

내가 친구에게 인사해요.

맛있는 밥을 먹어요.

친구가 목욕해요.

선생님이 글자를 가르쳐요.

친구가 잠을 자요.

아이들이 유치원에 가요.

5-1-4 복문

목표

복문 수준에서 끙끙-얼음-땡을 할 수 있다.

활동내용

- 치료사는 활동자료를 제시하면서 복문의 밑줄 친 단어를 말할 때 끙끙-얼음-땡 하는 것을 보여 준다.
- 아동도 치료사를 모방하여 문장의 첫 단어를 '끙끙말하기'로 하고, 치료사가 '얼음' 하면 멈추고, '땡' 하면 긴장을 이완하고 했던 말을 '살살말하기'로 다시 말한다.
- 아동이 복문 수준에서 끙끙-얼음-땡을 10회 중 9회 이상 바르게 수행하면 다음 단계를 진행한다.

활동자료

나는 꽁꽁-얼음-땡을 할 수 있어요.

토끼가 물에 빠져서 코끼리가 구해 줬어요.

단추가 떨어져서 엄마가 단추를 달아 줬어요.

5-1-5 문장 읽기

목표

문장을 읽을 때 끙끙-얼음-땡을 할 수 있다.

활동내용

- 치료사는 활동자료에 있는 단문을 제시하면서 끙끙-얼음-땡으로 읽는 것을 보여 준다.
- 아동도 치료사를 모방하여 문장의 첫 단어를 '끙끙말하기'로 하고, 치료사가 '얼음' 하면 멈추고 '땡' 하면 긴장을 이완하여 하려던 말을 '살살말하기'로 다시 읽는다.
- 다음으로 활동자료에 제시된 복문에서 밑줄 친 단어를 끙끙-얼음-땡으로 읽는다.
- 아동이 문장 수준에서 끙끙-얼음-땡으로 10회 중 9회 이상 바르게 읽으면 다음 단계를 진행한다.

활동자료

나는 끙끙-얼음-땡으로 읽을 수 있어요.

〈단문〉

나는 미역국을 먹어요.	엄마가 미역국을 끓여요.
아빠는 물고기를 잡아요.	누나는 햄버거를 먹어요.
형은 축구공을 차요.	할머니는 천천히 걸어요.

〈복문〉

형은 자전거를 타고, 나는 킥보드를 탔어요.	아빠는 스포츠를 좋아하고, 엄마는 드라마를 좋아해요.
마트에 갔다 오는 길에 선생님을 만났어요.	아빠가 로봇으로 변신하는 자동차를 사 주셨어요.

5-1-6 이야기

목표

이야기 수준에서 끙끙-얼음-땡을 할 수 있다.

활동내용

- 치료사는 활동자료를 제시하면서 이야기를 할 때 끙끙-얼음-땡을 보여 준다.
- 아동이 들은 이야기를 다시 말할 때, 치료사가 손을 들면 아동은 끙끙-얼음-땡을 한다.
- 아동은 치료사가 손을 들면 '끙끙말하기'로 먼저 말하고, '얼음' 하면 멈춘 후, '땡' 하면 긴장을 이완하고 했던 말을 '살살말하기'로 다시 말한다.
- 아동이 이야기 수준에서 끙끙-얼음-땡을 10회 중 9회 이상 바르게 수행하면 다음 단계를 진행한다.

활동자료

나는 끙끙-얼음-땡을 할 수 있어요.

엄마가 가방을 사주셨어요. 친구는 가방이 너무 마음에 들었어요. 그래서 친구는 밥을 먹을 때도 가방을 메고, 잠을 잘 때도 가방을 메고 잤어요.

강아지 집이 부서졌어요. 아빠와 나는 망치와 못을 가지고 와서 강아지 집을 고쳐 주었어요. 아빠랑 강아지 집을 고쳤더니 강아지가 참 좋아해요.

5-1-7 문단 읽기

목표

문단 수준에서 끙끙-얼음-땡으로 읽을 수 있다.

활동내용

- 치료사는 활동자료에 제시된 문단을 읽을 때 밑줄 친 단어에서 끙끙-얼음-땡 하는 것을 보여 준다.
- 아동도 치료사를 모방하여 밑줄 친 단어를 끙끙-얼음-땡으로 읽는다.
- 두 번째 읽기자료에서는 밑줄 친 단어를 아동이 혼자 끙끙-얼음-땡을 하며 읽는다.
- 아동이 문단 수준에서 끙끙-얼음-땡으로 10회 중 9회 이상 바르게 읽으면 다음 단계를 진행한다.

활동자료

나는 끙끙-얼음-땡으로 읽을 수 있어요.

내가 살고 있는 작은 개천은 봄, 가을이면 물이 말라 쫄쫄거리고, 여름이면 물이 풍성하여 철철 넘치는, 좀 변덕스런 개천이랍니다.
맑은 시냇물이 내 몸을 살살 어루만지며 지날 때면 '조르르 졸졸 도르르 돌돌' 하고 소리를 낸답니다. 그럴 때면 기분이 좋아 나른하게 낮잠을 즐기기도 하지요.

사자를 한 번도 본 적이 없는 여우가 살고 있었다. 이 여우는 처음으로 사자를 만났을 때 겁에 질린 나머지 거의 숨이 넘어갈 뻔했다. 두 번째로 사자를 만났을 때에는 여전히 무서웠지만 그런대로 공포감을 감출 수 있었다. 세 번째로 사자를 만났을 때에는 대담해져서 사자한테 다가가 허물없이 대화를 나누기 시작했다.

5-1-8 대화 1

목표

단어그림에 대해 끙끙-얼음-땡으로 대화할 수 있다.

활동내용

- 치료사는 활동자료에 제시된 단어그림을 보면서 끙끙-얼음-땡으로 질문한다.
- 아동은 끙끙-얼음-땡으로 질문에 대답한다.
- 치료사는 단어그림 하나에 두 가지 이상 질문한다.
- 아동과 치료사가 역할을 바꾸어 끙끙-얼음-땡으로 질문하고 대답한다.
- 아동이 대화에서 끙끙-얼음-땡을 10회 중 9회 이상 바르게 수행하면 다음 단계를 진행한다.

활동자료

나는 끙끙-얼음-땡을 할 수 있어요.

Q 이건 뭐예요?
A 전화예요.
Q 이건 어떻게 쓰는 거예요?
A 수화기를 들고, 번호를 누르면 다른 사람과 통화할 수 있어요.

Q 이건 언제 쓰는 거예요?
A 밥 먹을 때 써요.
Q 젓가락으로 먹기 힘든 음식은 뭐예요?
A 국물 같은 거예요.

Q 이것은 뭐예요?
A 달력이에요.
Q 달력을 보면 무엇을 알 수 있나요?
A 오늘이 며칠인지, 무슨 요일인지 알 수 있어요.

Q 이것은 무엇일까요?
A 선풍기예요.
Q 선풍기를 켜면 어떻게 되나요?
A 바람이 나와서 시원하게 돼요.

5-1-9 대화 2

목표

장면을 보면서 끙끙-얼음-땡으로 대화할 수 있다.

활동내용

- 치료사는 활동자료에 제시된 장면에 대해서 끙끙-얼음-땡으로 질문을 한다.
- 아동은 끙끙-얼음-땡으로 질문에 대답한다.
- 치료사는 장면 하나에 네 가지 질문을 한다.
- 아동이 대화에서 끙끙-얼음-땡을 10회 중 9회 이상 바르게 수행하면 다음 단계를 진행한다.

활동자료

나는 끙끙-얼음-땡을 할 수 있어요.

- ○ 오늘은 무슨 날일까요?
- ○ 친구들은 무엇을 하고 있나요?
- ○ 아빠는 무엇을 하고 있나요?
- ○ 생일날에 있었던 일을 이야기해 보세요.

- ○ 여기가 어디예요?
- ○ 아이들은 무엇을 하고 있나요?
- ○ 엄마 아빠들은 무엇을 하고 있나요?
- ○ 놀이공원에 갔던 일을 이야기해 보세요.

5-1-10 대화 3

목표

연속장면에 대해 끙끙-얼음-땡으로 대화할 수 있다.

활동내용

- 치료사는 활동자료에 제시된 연속장면에 대해서 끙끙-얼음-땡으로 질문을 한다.
- 아동은 끙끙-얼음-땡으로 질문에 대답한다.
- 치료사는 연속장면에 대해 네 가지 질문을 한다.
- 아동이 대화에서 끙끙-얼음-땡을 10회 중 9회 이상 바르게 수행하면 다음 단계를 진행한다.

활동자료

나는 꽁꽁-얼음-땡을 할 수 있어요.

○ 첫 번째 장면에서 어떤 날에 눈사람을 만들었을까요?
○ 두 번째 장면에서 날씨가 어떻게 변했나요?
○ 세 번째 장면에서 눈사람은 어떻게 되었나요?
○ 이 장면 이야기를 혼자서 순서대로 말해 주세요.

○ 첫 번째 장면에서 형님 곰이 자전거를 어떻게 타고 있나요?
○ 두 번째 장면에서 형님 곰의 자전거가 어떻게 되었나요?
○ 세 번째 장면에서 형님 곰은 어떻게 되었나요?
○ 이 장면 이야기를 혼자서 순서대로 말해 주세요.

5-1-11 대화 4

목표

특정 주제에 대해 끙끙-얼음-땡으로 대화할 수 있다.

활동내용

- 치료사는 활동자료에 제시된 대화 주제를 아동에게 선택하게 한다.
- 선택한 주제에 대해 치료사가 먼저 끙끙-얼음-땡으로 질문을 하고, 아동도 끙끙-얼음-땡으로 대답을 하게 한다.
- 나머지 주제는 역할을 바꾸어 아동이 끙끙-얼음-땡으로 질문을 하고, 치료사가 끙끙-얼음-땡으로 대답을 한다.
- 아동이 대화를 하는 동안 끙끙-얼음-땡을 10회 중 9회 이상 바르게 수행하면 다음 단계를 진행한다.

활동자료

나는 끙끙-얼음-땡을 할 수 있어요.

대화 주제

기차	비행기
• 기차는 어디로 달리나요? • 기차를 타고 어디에 갈 수 있나요? • 기차를 타려면 어떻게 해야 할까요? • 여러 사람이 함께 타는 기차에서는 어떻게 행동해야 하나요? • 누구랑 기차를 타 보고 싶나요?	• 비행기는 어디로 날아가나요? • 비행기를 타고 어디에 갈 수 있나요? • 비행기를 타려면 어떻게 해야 할까요? • 여러 사람이 함께 타는 비행기에서는 어떻게 행동해야 하나요? • 비행기를 타고 어디에 가고 싶나요?

5-1-12 역할극

목표

역할극을 끙끙-얼음-땡으로 할 수 있다.

활동내용

- 치료사는 활동자료에 제시된 학교놀이 역할극을 실시하기 위해 아동과 배역을 정한다.
- 치료사와 아동은 역할극을 하는 동안 끙끙-얼음-땡을 한다.
- 다음으로 치료사와 아동이 역할을 바꾸어 활동을 수행할 때 끙끙-얼음-땡을 한다.
- 아동이 역할극을 하는 동안 끙끙-얼음-땡을 10회 중 9회 이상 바르게 수행하면 다음 단계를 진행한다.

활동자료

나는 끙끙-얼음-땡을 할 수 있어요.

역할극 주제: 학교놀이

역할: 선생님, 학생

선생님: ① 여러분 안녕하세요?
선생님: ② 오늘은 어디로 체험학습 간다고 했나요?
선생님: ③ 모두 준비물 잘 챙겨 왔나요?
선생님: ④ 버스를 탈 때에는 반드시 안전벨트를 매야 해요.
선생님: ⑤ 선생님이 도와줄게요.

학생: ❶ 선생님, 안녕하세요?
학생: ❷ 동물원이요.
학생: ❸ 네. 도시락이랑 간식, 돗자리를 가지고 왔어요.
학생: ❹ 네. 선생님. 통통이 안전벨트가 안 돼요.
학생: ❺ 선생님, 고맙습니다.

5-2 끙-얼음-땡

5-2-1 단어

목표

단어 수준에서 끙-얼음-땡을 할 수 있다.

활동내용

- 치료사는 활동자료를 제시하면서 끙-얼음-땡을 설명한다.
- 치료사가 활동자료에 제시된 단어를 말할 때 '끙끙'말하기를 하다가 '얼음'하고 멈추는 것을 보여 준다(단어를 끝까지 말하지 않고 도중에 멈춤).
- 아동도 치료사를 모방하여 '끙-얼음'을 한다.
- 치료사는 단어를 말할 때 '끙끙'말하기로 먼저 말하다가 '얼음'을 가리키며 멈춘 다음, '땡'을 가리키며 긴장을 이완한 후 하려던 말의 나머지 부분을 살살말하기로 하는 것을 보여 준다.
- 아동도 치료사를 모방하여 끙-얼음-땡을 한다.
- 아동이 단어 수준에서 끙-얼음-땡을 10회 중 9회 이상 바르게 수행하면 다음 단계를 진행한다.

활동자료

나는 끙-얼음-땡을 할 수 있어요.

끙-얼음은 말할 때 힘을 주어
말이 나오는 그 순간에 멈추는 거야.
땡은 힘을 빼고 하려던 말의 나머지 부분을
살살말하기로 하는 거야.

하려던 말	끙	얼음	땡	살살

사과	사	(얼음)	(땡)	~과

병

개

돼지

과자

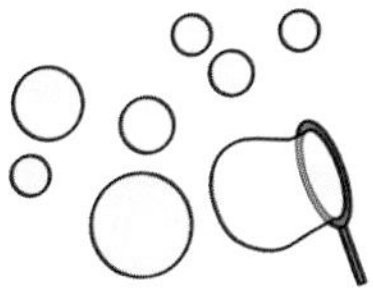

비눗방울

빗자루

5-2-2 단어 읽기

목표

단어 수준에서 끙-얼음-땡으로 읽을 수 있다.

활동내용

- 치료사는 활동자료에 있는 단어를 제시하면서 끙-얼음-땡으로 읽는 것을 보여 준다.
- 아동은 단어를 읽을 때 '끙끙말하기'를 하다가, 치료사가 '얼음' 하면 멈춘 후, '땡' 하면 긴장을 이완하여 단어의 나머지 부분을 '살살말하기'로 이어서 읽는다.
- 아동이 단어 수준에서 끙-얼음-땡으로 10회 중 9회 이상 바르게 읽으면 다음 단계를 진행한다.

활동자료

나는 끙-얼음-땡으로 읽을 수 있어요.

책	침대
방	책장
문	식탁
창	의자
신	소파
화장대	가스렌지
세탁기	전자렌지
싱크대	텔레비전
냉장고	이층침대
에어컨	압력밥솥

5-2-3 문장

목표

문장 수준에서 끙-얼음-땡을 할 수 있다.

활동내용

- 치료사는 활동자료를 제시하면서 문장의 첫 단어를 말할 때 끙-얼음-땡 하는 것을 보여 준다.
- 아동도 치료사를 모방하여 문장의 첫 단어의 '끙끙말하기'로 시작하다가, 치료사가 '얼음' 하면 멈추고 '땡' 하면 긴장을 이완하여 하려던 말의 나머지 부분을 '살살말하기'로 이어서 말한다.
- 아동이 문장 수준에서 끙-얼음-땡을 10회 중 9회 이상 바르게 수행하면 다음 단계를 진행한다.

활동자료

나는 끙-얼음-땡을 할 수 있어요.

친구가 축구를 해요.

누나가 산에 올라가요.

가스 위에 냄비가 끓어 넘쳐요.

친구가 컴퓨터 게임을 해요.

할머니가 송편을 만들어요.

할아버지가 도끼로 나무를 잘라요.

5-2-4 복문

목표

복문 수준에서 끙-얼음-땡을 할 수 있다.

활동내용

- 치료사는 활동자료를 제시하면서 복문의 밑줄 친 단어를 말할 때 끙-얼음-땡 하는 것을 보여 준다.
- 아동도 치료사를 모방하여 복문의 밑줄 친 단어를 '끙끙말하기'로 하다가, 치료사가 '얼음' 하면 멈추고 '땡' 하면 긴장을 이완하여 하려던 말의 나머지 부분을 '살살말하기'로 이어서 말한다.
- 아동이 복문 수준에서 끙-얼음-땡을 10회 중 9회 이상 바르게 수행하면 다음 단계를 진행한다.

활동자료

나는 끙-얼음-땡을 할 수 있어요.

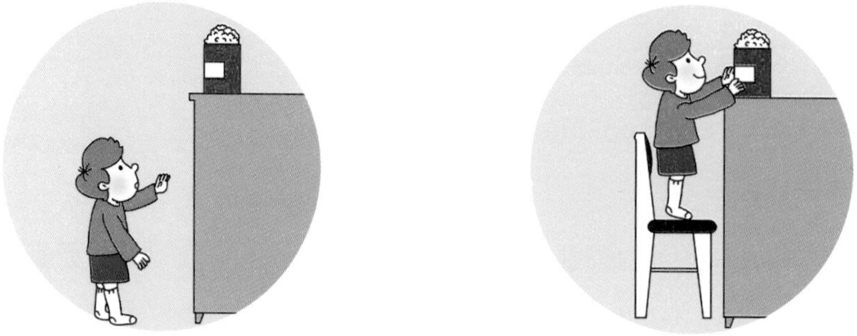

친구는 키가 작아서 의자를 놓고 올라갔어요.

낙서를 해서 아줌마한테 혼났어요.

5-2-5 문장 읽기

목표

문장을 읽을 때 끙-얼음-땡을 할 수 있다.

활동내용

- 치료사는 활동자료에 있는 단문을 제시하면서 끙-얼음-땡으로 읽는 것을 보여 준다.
- 아동도 치료사를 모방하여 문장의 첫 단어를 '끙끙말하기'로 하다가, 치료사가 '얼음' 하면 멈추고 '땡' 하면 긴장을 이완하여 하려던 말의 나머지 부분을 '살살말하기'로 이어서 말한다.
- 다음으로 활동자료에 제시된 복문에서 밑줄 친 단어를 끙-얼음-땡으로 읽는다.
- 아동이 문장 수준에서 끙-얼음-땡으로 10회 중 9회 이상 바르게 읽으면 다음 단계를 진행한다.

활동자료

나는 끙-얼음-땡으로 읽을 수 있어요.

〈단문〉

선풍기는 시원해요.	히터는 따뜻해요.
여름에 바다로 놀러가요.	겨울에는 눈사람을 만들어요.
여름에는 수박이 맛있어요.	겨울에는 군고구마가 맛있어요.

〈복문〉

나와 동생이 만든 모래성을 파도가 무너뜨렸어요.	당근으로 눈사람 코를 만들고, 나뭇가지로 눈사람 눈썹을 만들어요.
나와 동생이 모래에 이름을 쓰면 파도가 와서 이름을 지워 버려요.	눈사람에게 모자를 씌워 줬으니 감기 걸리지 않을 거예요.

5-2-6 이야기

목표

이야기 수준에서 끙-얼음-땡을 할 수 있다.

활동내용

- 치료사는 활동자료를 제시하면서 이야기를 할 때 끙-얼음-땡을 보여 준다.
- 아동이 들은 이야기를 다시 말할 때, 치료사가 손을 들면 아동은 끙-얼음-땡을 한다.
- 아동은 치료사가 손을 들면 '끙끙말하기'로 먼저 말하다가, '얼음' 하면 멈추고 '땡' 하면 긴장을 이완하여 하려던 말의 나머지 부분을 '살살말하기'로 이어서 말한다.
- 아동이 이야기 수준에서 끙-얼음-땡을 10회 중 9회 이상 바르게 수행하면 다음 단계를 진행한다.

활동자료

나는 끙-얼음-땡을 할 수 있어요.

집 밖에 강아지가 버려져 있었어요. 그래서 저는 강아지를 집으로 데리고 왔지요. 누나랑 아빠는 강아지를 깨끗이 씻겨 주었어요. 그리고 강아지는 우리 가족이 되었답니다.

아빠랑 물고기를 잡으러 갔어요. 아빠랑 저는 신나게 물고기를 잡았어요. 그래서 잡은 물고기를 가지고 집으로 왔어요. 그리고 물고기를 집에 있는 어항에 넣어서 키우기로 했답니다.

5-2-7 문단 읽기

목표

문단 수준에서 끙-얼음-땡으로 읽을 수 있다.

활동내용

- 치료사는 활동자료에 제시된 문단을 읽을 때 밑줄 친 단어에서 끙-얼음-땡 하는 것을 보여 준다.
- 아동도 치료사를 모방하여 밑줄 친 단어를 끙-얼음-땡으로 읽는다.
- 두 번째 읽기자료에서는 밑줄 친 단어를 아동이 혼자 끙-얼음-땡을 하며 읽는다.
- 아동이 문단 수준에서 끙-얼음-땡으로 10회 중 9회 이상 바르게 읽으면 다음 단계를 진행한다.

활동자료

나는 끙-얼음-땡으로 읽을 수 있어요.

부스럭 소리에 겨울잠을 자던 아기 곰이 눈을 반짝 떴어요. "엄마 봄이 왔나 봐요. 밖에서 부스럭 소리가 나요." 아기 곰이 엄마 곰을 흔들어 깨우며 말했어요. "아가야, 봄이 오려면 아직 멀었단다. 아마 배고픈 늑대가 먹이를 찾느라 낙엽을 밟고 지나가는 소리일 거야." 엄마 곰이 아기 곰을 살포시 안으며 말했지요. 아기 곰은 엄마 팔을 베고 누워 다시 눈을 감았어요.

아주 오랜 옛날 겨울이 되면 먹을거리를 구하기 힘들었어요. 특히 채소는 더더욱 구할 수가 없었지요. 그래서 소금을 이용하는 방법을 고안해 냈어요. 소금을 뿌려 두면 짠맛이 생기기는 하지만 상하지도 변하지도 않는다는 걸 알아냈거든요. 처음에는 말리는 방법을 이용했지만, 수분이 많은 채소와 생선, 고기는 말리기가 쉽지 않았어요.

5-2-8 대화 1

목표

단어그림에 대해 끙-얼음-땡으로 대화할 수 있다.

활동내용

- 치료사는 활동자료에 제시된 단어그림을 보면서 끙-얼음-땡으로 질문한다.
- 아동은 끙-얼음-땡으로 질문에 대답한다.
- 치료사는 단어그림 하나에 두 가지 이상 질문한다.
- 아동과 치료사가 역할을 바꾸어 끙-얼음-땡으로 질문하고 대답한다.
- 아동이 대화에서 끙-얼음-땡을 10회 중 9회 이상 바르게 수행하면 다음 단계를 진행한다.

활동자료

나는 끙-얼음-땡을 할 수 있어요.

Q 이건 뭐예요?
A 가방이에요.
Q 가방에 무엇을 넣어요?
A 책과 연필, 필통을 넣어요.

Q 이건 뭐예요?
A 양말이에요.
Q 양말이 더러워지면 어떻게 하나요?
A 빨아야 해요.

Q 여기는 어디에요?
A 약국이에요.
Q 엄마가 약국에 가서 뭐 하나요?
A 처방전을 주고 약을 지어요.

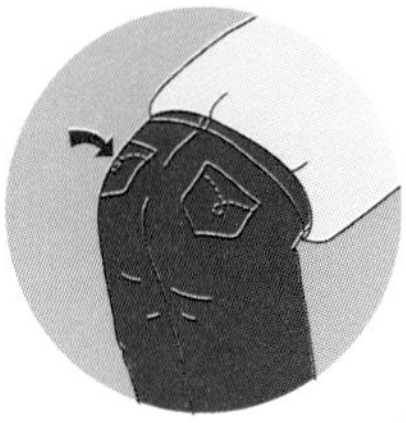

Q 이것은 무엇일까요?
A 주머니예요.
Q 뒷주머니에는 무엇을 넣을 수 있을까요?
A 동전을 넣을 수 있어요.

5-2-9 대화 2

목표

장면을 보면서 끙-얼음-땡으로 대화할 수 있다.

활동내용

- 치료사는 활동자료에 제시된 장면에 대해서 끙-얼음-땡으로 질문을 한다.
- 아동은 끙-얼음-땡으로 질문에 대답한다.
- 치료사는 장면 하나에 네 가지 질문을 한다.
- 아동이 대화에서 끙-얼음-땡을 10회 중 9회 이상 바르게 수행하면 다음 단계를 진행한다.

활동자료

나는 끙-얼음-땡을 할 수 있어요.

○ 여기가 어디예요?
○ 엄마는 무엇을 하고 있나요?
○ 채소 코너에는 무엇이 있나요?
○ 마트에 갔던 일을 이야기해 보세요.

○ 여기가 어디예요?
○ 아빠는 무엇을 하고 있나요?
○ 엄마는 무엇을 하고 있나요?
○ 집에서 있었던 일을 이야기해 보세요.

5-2-10 대화 3

목표

연속장면에 대해 끙–얼음–땡으로 대화할 수 있다.

활동내용

- 치료사는 활동자료에 제시된 연속장면에 대해서 끙–얼음–땡으로 질문을 한다.
- 아동은 끙–얼음–땡으로 질문에 대답한다.
- 치료사는 연속장면에 대해 네 가지 질문을 한다.
- 아동이 대화에서 끙–얼음–땡을 10회 중 9회 이상 바르게 수행하면 다음 단계를 진행한다.

활동자료

나는 끙-얼음-땡을 할 수 있어요.

○ 첫 번째 장면에서 친구는 무엇을 하고 있나요?
○ 두 번째 장면에서 갑자기 무슨 일이 일어났나요?
○ 세 번째 장면에서 친구는 전화를 받고 뭐라고 하였을까요?
○ 이 장면 이야기를 혼자서 순서대로 말해 주세요.

○ 첫 번째 장면에서 남자아이가 어떻게 되었나요?
○ 두 번째 장면에서 누나가 어떻게 해 주었나요?
○ 세 번째 장면에서 남자아이가 뭐라고 말했을까요?
○ 이 장면 이야기를 혼자서 순서대로 말해 주세요.

5-2-11 대화 4

목표

특정 주제에 대하여 끙-얼음-땡으로 대화할 수 있다.

활동내용

- 치료사는 활동자료에 제시된 대화 주제를 아동에게 선택하게 한다.
- 선택한 주제에 대해 치료사가 먼저 끙-얼음-땡으로 질문을 하고, 아동도 끙-얼음-땡으로 대답을 하게 한다.
- 나머지 주제는 역할을 바꾸어 아동이 끙-얼음-땡으로 질문을 하고, 치료사가 끙-얼음-땡으로 대답을 한다.
- 아동이 대화를 하는 동안 끙-얼음-땡을 10회 중 9회 이상 바르게 수행하면 다음 단계를 진행한다.

활동자료

나는 끙-얼음-땡을 할 수 있어요.

대화 주제

여름	겨울
• 여름에는 날씨가 어떤가요? • 여름에는 어떤 옷을 입나요? • 여름에는 어떤 음식을 먹나요? • 여름에는 어떤 놀이를 하나요? • 여름이 좋은 이유를 말해 주세요.	• 겨울에는 날씨가 어떤가요? • 겨울에는 어떤 옷을 입나요? • 겨울에는 어떤 음식을 먹나요? • 겨울에는 어떤 놀이를 하나요? • 겨울이 좋은 이유를 말해 주세요.

5-2-12 역할극

목표

역할극을 끙-얼음-땡으로 할 수 있다.

활동내용

- 치료사는 활동자료에 제시된 '햄버거 가게' 역할극을 실시하기 위해 아동과 배역을 정한다.
- 치료사와 아동은 역할극을 하는 동안 끙-얼음-땡을 한다.
- 다음으로 치료사와 아동이 역할을 바꾸어 활동을 수행할 때 끙-얼음-땡을 한다.
- 아동이 역할극을 하는 동안 끙-얼음-땡을 10회 중 9회 이상 바르게 수행하면 다음 단계를 진행한다.

활동자료

나는 끙-얼음-땡을 할 수 있어요.

역할극 주제: 햄버거 가게

역할: 점원, 손님

점원: ① 손님, 무엇을 드릴까요?	손님: ❶ 치킨버거 세트 주세요.
점원: ② 음료는 콜라인데 괜찮으세요?	손님: ❷ 콜라 대신 우유 주세요.
점원: ③ 포테이토와 치즈스틱 중에서 무엇으로 드릴까요?	손님: ❸ 포테이토 주세요.
점원: ④ 네. 주문하신 치킨버거, 우유, 포테이토 나왔습니다.	손님: ❹ 토마토 케첩 하나 더 주세요.
점원: ⑤ 네. 여기 있습니다.	손님: ❺ 고맙습니다.

5-3 (쉿)-얼음-땡

5-3-1 단어

목표

단어 수준에서 (쉿)-얼음-땡을 할 수 있다.

활동내용

- 치료사는 활동자료를 제시하면서 (쉿)-얼음-땡을 설명한다.
- 치료사가 활동자료에 제시된 단어를 말할 때 '끙끙'말하기가 나올 것 같으면 '얼음' 하고 멈추는 것을 보여 준다(단어를 말하기 전에 멈춤).
- 아동도 치료사를 모방하여 '(쉿)-얼음'을 한다.
- 치료사는 단어를 말할 때 '끙끙'말하기기 나올 것 같으면 그 단어를 말하기 전에 '얼음'을 가리키며 멈춘 다음, '땡'을 가리키며 긴장을 이완한 후 그 단어를 살살말하기로 하는 것을 보여 준다.
- 아동도 치료사를 모방하여 (쉿)-얼음-땡을 한다.
- 아동이 단어 수준에서 (쉿)-얼음-땡을 10회 중 9회 이상 바르게 수행하면 다음 단계를 진행한다.

활동자료

나는 (쉿)-얼음-땡을 할 수 있어요.

(쉿) - 얼음은 말을 하다가
꿍꿍말하기가 나올 것 같으면 멈추는 거야.
땡은 힘을 빼고 하려던 말을 살살말하기로 하는 거야.

하려던 말	(쉿)	얼음	땡	살살
			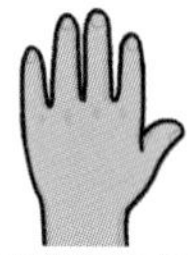	
사과	(쉿)	(얼음)	(땡)	사과

밤

불

여름

겨울

간호사

요리사

5-3-2 단어 읽기

목표

단어 수준에서 (쉿)−얼음−땡으로 읽을 수 있다.

활동내용

- 치료사는 활동자료에 있는 단어를 제시하면서 (쉿)−얼음−땡으로 읽는 것을 보여 준다.
- 아동이 단어를 읽을 때, 치료사가 '얼음' 하면 말하려던 것을 멈춘 후, '땡' 하면 긴장을 이완하여 단어를 '살살말하기'로 읽는다.
- 아동이 단어 수준에서 (쉿)−얼음−땡으로 10회 중 9회 이상 바르게 읽으면 다음 단계를 진행한다.

활동자료

나는 (쉿)-얼음-땡으로 읽을 수 있어요.

곰	상어
뱀	기린
새	하마
쥐	고래
개	돼지
강아지	하이에나
조랑말	오랑우탄
원숭이	사막여우
송아지	나무늘보
공작새	장수하늘소

5-3-3 문장

목표

문장 수준에서 (쉬)–얼음–땡을 할 수 있다.

활동내용

- 치료사는 활동자료를 제시하면서 문장의 첫 단어를 말할 때 (쉬)–얼음–땡 하는 것을 보여 준다.
- 아동도 치료사를 모방하여 문장의 첫 단어를 말하기 전에 치료사가 '얼음' 하면 멈추고 '땡' 하면 긴장을 이완하여 단어를 '살살말하기'로 말한다.
- 아동이 문장 수준에서 (쉬)–얼음–땡을 10회 중 9회 이상 바르게 수행하면 다음 단계를 진행한다.

활동자료

나는 (쉿)-얼음-땡을 할 수 있어요.

친구가 노래를 해요.

수영장에서 첨벙첨벙 수영해요.

흔들흔들 그네를 타요.

놀이터에서 미끄럼틀을 타요.

동물원에서 곰을 봐요.

생일 축하 노래를 불러요.

5-3-4 복문

목표

복문 수준에서 (쉿)–얼음–땡을 할 수 있다.

활동내용

- 치료사는 활동자료를 제시하면서 복문의 밑줄 친 단어를 말할 때 (쉿)–얼음–땡 하는 것을 보여 준다.
- 아동도 치료사를 모방하여 복문의 밑줄 친 단어를 말하기 전에 치료사가 '얼음' 하면 멈추고 '땡' 하면 긴장을 이완하여 그 단어를 '살살말하기'로 말한다.
- 아동이 복문 수준에서 (쉿)–얼음–땡을 10회 중 9회 이상 바르게 수행하면 다음 단계를 진행한다.

활동자료

나는 (쉿)-얼음-땡을 할 수 있어요.

방 청소를 해서 엄마에게 칭찬받았어요.

불이 나서 소방서에 신고를 했더니, 소방차가 출동해서 불을 껐어요.

5-3-5 문장 읽기

목표

문장을 읽을 때 (쉿)–얼음–땡을 할 수 있다.

활동내용

- 치료사는 활동자료에 있는 단문을 제시하면서 (쉿)–얼음–땡으로 읽는 것을 보여 준다.
- 아동도 치료사를 모방하여 문장의 첫 단어를 말하기 전에 치료사가 '얼음' 하면 멈추고 '땡' 하면 긴장을 이완하여 그 단어를 '살살말하기'로 말한다.
- 다음으로 활동자료에 제시된 복문에서 밑줄 친 단어를 (쉿)–얼음–땡으로 읽는다.
- 아동이 문장 수준에서 끙–얼음–땡으로 10회 중 9회 이상 바르게 읽으면 다음 단계를 진행한다.

활동자료

나는 (쉿)-얼음-땡으로 읽을 수 있어요.

〈단문〉

마트에서 과자를 사요.	시장에서 과일을 사요.
운동장에서 줄넘기를 해요.	넘어져서 피가 났어요.
아기랑 같이 자요.	우유를 컵에 부어요.

〈복문〉

운동장에서 줄넘기를 하다가 넘어져서 피가 났어요.	토끼는 귀가 길고, 코끼리는 코가 길어요.
아이가 빵을 먹으면서 우유를 마셔요.	식목일에 심은 나무가 지금은 내 무릎까지 자랐어요.

5-3-6 이야기

목표

이야기 수준에서 (쉿)−얼음−땡을 할 수 있다.

활동내용

- 치료사는 활동자료를 제시하면서 이야기를 할 때 (쉿)−얼음−땡을 보여 준다.
- 아동이 들은 이야기를 다시 말할 때, 치료사가 손을 들면 아동은 (쉿)−얼음−땡을 한다.
- 아동은 치료사가 손을 들면 다음 단어를 말하기 전에, '얼음' 하면 멈추고 '땡' 하면 긴장을 이완하여 그 단어를 '살살말하기'로 말한다.
- 아동이 이야기 수준에서 (쉿)−얼음−땡을 10회 중 9회 이상 바르게 수행하면 다음 단계를 진행한다.

활동자료

나는 (쉿)-얼음-땡을 할 수 있어요.

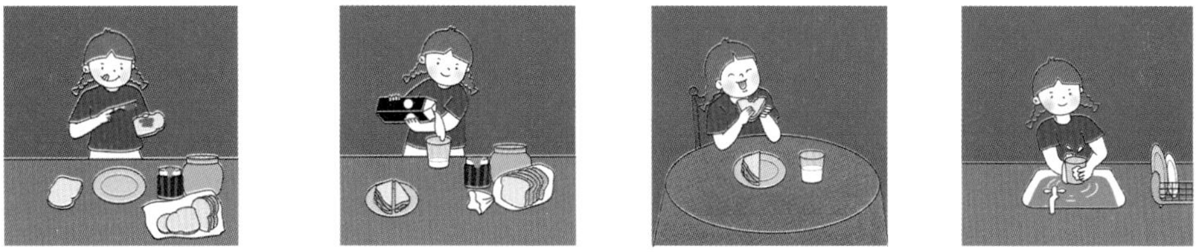

저는 맛있는 샌드위치를 만들었어요. 그래서 샌드위치랑 먹을 우유도 따랐지요. 샌드위치와 우유를 함께 먹으니, 너무 맛있었어요. 그리고 맛있게 먹고 설거지까지 했답니다.

저는 학교에 가려고 가방을 먼저 챙기고 옷을 입었지요. 추워서 외투를 입고 목도리까지 했답니다. 그리고는 학교에 지각하지 않으려고 부지런히 뛰어갔어요. 그런데 학교 앞에 와서 친구들을 보니, 가방을 두고 온 것을 알았답니다.

5-3-7 문단 읽기

목표

문단 수준에서 (쉿)–얼음–땡으로 읽을 수 있다.

활동내용

- 치료사는 활동자료에 제시된 문단을 읽을 때 밑줄 친 단어에서 (쉿)–얼음–땡 하는 것을 보여 준다.
- 아동도 치료사를 모방하여 밑줄 친 단어를 (쉿)–얼음–땡으로 읽는다.
- 두 번째 읽기자료에서는 밑줄 친 단어를 아동이 혼자 (쉿)–얼음–땡을 하며 읽는다.
- 아동이 문단 수준에서 (쉿)–얼음–땡으로 10회 중 9회 이상 바르게 읽으면 다음 단계를 진행한다.

활동자료

나는 (쉿)-얼음-땡으로 읽을 수 있어요.

<u>고릴라</u> 고고는 좀 남다른 친구예요. “왜 <u>모두들</u> 똑같이 행동할까? 난 남들과 다르고 싶어.” <u>고고는</u> 친구들과 다른 고릴라가 되기로 <u>결심했어요</u>. 다음날 아침, <u>친구들이</u> 동글동글 바퀴를 단 <u>자전거</u>를 타고 다니는데 고고는 <u>길쭉길쭉</u> 기다란 바퀴를 단 <u>자전거</u>로 이리 비틀 저리 비틀 하며 지나가요.

<u>심한</u> 가뭄이 든 마을에 한 <u>소녀가</u> 어머니와 함께 살고 있었습니다. <u>어머니는</u> 몸이 아파 누워 있었어요. 하지만 <u>오랫동안</u> 비가 오지 않아 들판의 곡식들도 <u>모두</u> 말라 죽고 마실 물조차 없었지요. “<u>그래도</u> 땅속 깊숙한 곳에는 <u>물이</u> 있을지도 몰라.” 소녀는 <u>열심히</u> 땅을 파 보았지만, <u>먼지만</u> 풀풀 날리고 물은 나오지 않았어요. <u>그러다</u> 결국 지쳐서 쓰러져 잠이 들고 말았어요.

5-3-8 대화 1

목표

단어그림을 보면서 (쉿)-얼음-땡으로 대화할 수 있다.

활동내용

- 치료사는 활동자료에 제시된 단어그림을 보면서 (쉿)-얼음-땡으로 질문한다.
- 아동은 (쉿)-얼음-땡으로 질문에 대답한다.
- 치료사는 단어그림 하나에 두 가지 이상 질문한다.
- 아동과 치료사가 역할을 바꾸어 (쉿)-얼음-땡으로 질문하고 대답한다.
- 아동이 대화에서 (쉿)-얼음-땡을 10회 중 9회 이상 바르게 수행하면 다음 단계를 진행한다.

활동자료

나는 (쉬)-얼음-땡을 할 수 있어요.

Q 이건 뭐예요?
A 강이에요.
Q 강에는 무엇이 살고 있을까요?
A 물고기와 물풀이 살아요.

Q 이건 뭐예요?
A 망치예요.
Q 망치는 무엇을 할 때 사용하는 도구인가요?
A 못을 박을 때 사용해요.

Q 이것은 뭐예요?
A 옷과 양말이에요.
Q 이것은 누구의 옷일까요?
A 여자 옷이에요.

Q 이것은 무엇을 할 때 사용하나요?
A 물을 마실 때 사용해요.
Q 컵에 물 말고 어떤 것을 담을 수 있나요?
A 우유나 음료수를 담을 수 있어요.

5-3-9 대화 2

목표

장면을 보면서 (쉿)-얼음-땡으로 대화할 수 있다.

활동내용

- 치료사는 활동자료에 제시된 장면을 보면서 (쉿)-얼음-땡으로 질문을 한다.
- 아동은 (쉿)-얼음-땡으로 질문에 대답한다.
- 치료사는 장면 하나에 네 가지 질문을 한다.
- 아동이 대화에서 (쉿)-얼음-땡을 10회 중 9회 이상 바르게 수행하면 다음 단계를 진행한다.

활동자료

나는 (쉿)-얼음-땡을 할 수 있어요.

- ○ 여기가 어디예요?
- ○ 약수터에서 사람들이 줄을 서서 무엇을 하나요?
- ○ 약수터에는 물을 뜨는 사람들 말고 어떤 사람들이 있나요?
- ○ 약수터나 산에 갔던 일을 이야기해 보세요.

- ○ 여기가 어디예요?
- ○ 남자아이는 무엇을 하고 있나요?
- ○ 여자아이들은 무엇을 하고 있나요?
- ○ 체육관에서 운동했던 것을 이야기해 보세요.

5-3-10 대화 3

목표

연속장면을 보면서 (쉿)–얼음–땡으로 대화할 수 있다.

활동내용

- 치료사는 활동자료에 제시된 연속장면을 보면서 (쉿)–얼음–땡으로 질문을 한다.
- 아동은 (쉿)–얼음–땡으로 질문에 대답한다.
- 치료사는 연속장면에 대해 네 가지 질문을 한다.
- 아동이 대화에서 (쉿)–얼음–땡을 10회 중 9회 이상 바르게 수행하면 다음 단계를 진행한다.

활동자료

나는 (쉿)-얼음-땡을 할 수 있어요.

○ 첫 번째 장면에서 친구는 무엇을 하고 있나요?
○ 두 번째 장면에서 인형이 어떻게 되었나요?
○ 세 번째 장면에서 엄마가 어떻게 해 주셨나요?
○ 이 장면 이야기를 혼자서 순서대로 말해 주세요.

○ 첫 번째 장면에서 남자아이가 무엇을 하고 있나요?
○ 두 번째 장면에서 어떤 일이 생겼나요?
○ 세 번째 장면에서 공이 어떻게 되었나요?
○ 이 장면 이야기를 혼자서 순서대로 말해 주세요.

5-3-11 대화 4

목표

특정 주제에 대하여 (쉿)–얼음–땡으로 대화할 수 있다.

활동내용

- 치료사는 활동자료에 제시된 대화 주제 중 하나를 아동에게 선택하게 한다.
- 선택한 주제에 대해 치료사가 먼저 (쉿)–얼음–땡으로 질문을 하고, 아동도 (쉿)–얼음–땡으로 대답을 하게 한다.
- 나머지 주제는 역할을 바꾸어 아동이 (쉿)–얼음–땡으로 질문을 하고, 치료사가 (쉿)–얼음–땡으로 대답을 한다.
- 아동이 대화를 하는 동안 (쉿)–얼음–땡을 10회 중 9회 이상 바르게 수행하면 다음 단계를 진행한다.

활동자료

나는 (쉿)-얼음-땡을 할 수 있어요.

대화 주제

냉장고	세탁기
• 냉장고에는 무엇을 넣나요? • 냉장고에 음식을 넣으면 어떻게 되나요? • 전기가 나간다면 냉장고 속에 음식은 어떻게 될까요? • 냉장고의 위와 아래는 어떻게 다른가요? • 예전에 냉장고가 없을 때는 어떻게 살았을까요?	• 세탁기는 무엇을 하는 것인가요? • 세탁기에 넣으면 안 되는 물건은 무엇일까요? • 세탁기를 돌리는 순서는 어떻게 되나요? • 세탁기의 종류에는 어떤 것이 있나요? • 예전에 세탁기가 없을 때에는 어떻게 살았을까요?

5-3-12 역할극

목표

역할극을 (쉿)-얼음-땡으로 할 수 있다.

활동내용

- 치료사는 활동자료에 제시된 놀이터 역할극을 실시하기 위해 아동과 배역을 정한다.
- 치료사와 아동은 역할극을 하는 동안 (쉿)-얼음-땡을 한다.
- 다음으로 치료사와 아동이 역할을 바꾸어 활동을 수행할 때 (쉿)-얼음-땡을 한다.
- 아동이 역할극을 하는 동안 (쉿)-얼음-땡을 10회 중 9회 이상 바르게 수행하면 다음 단계를 진행한다.

활동자료

나는 (쉿)-얼음-땡을 할 수 있어요.

역할극 주제: 놀이터

역할: 친구 1, 친구 2

친구 1: ① 우리 시소 타자.
친구 1: ② 그래. 그럼 그네 타자.
친구 1: ③ 내가 높이 올라갈 거야.
친구 1: ④ 좋아. 나는 미끄럼틀 거꾸로 올라갈 수도 있다.
친구 1: ⑤ 아니야 괜찮아. 재미있는 걸. (꽝) 앗. 아야.

친구 2: ❶ 시소는 재미없어. 그네 타자.
친구 2: ❷ 누가 더 높이 올라가는지 내기하자.
친구 2: ❸ 이제 그네 그만 탈래. 미끄럼틀 타자.
친구 2: ❹ 미끄럼틀 거꾸로 올라가면 내려오는 친구랑 부딪히잖아.
친구 2: ❺ 거 봐. 내가 부딪힌다고 말했잖아.

5-4 말하는 방식을 바꾸기

목표

말하는 방식을 여러 가지 방식으로 바꾸어 말할 수 있다.

활동내용

- 아동에게 말하는 방식을 다양하게 바꿀 수 있음을 설명한다.
- 제시된 문장 앞 괄호에 보기 중에 있는 말하기 방식의 번호를 골라 쓰고, 반복하기, 연장하기, 삽입어 넣기, 멈추고 다시 말하기 등의 다양한 말하기 방식으로 읽는다.
- 이러한 활동을 통해 말하기에 대한 조절능력을 획득하고 말하기 방식을 자신의 의지대로 선택할 수 있음을 알려 준다.
- 아동이 말하는 방식 바꾸기를 10회 중 9회 이상 바르게 수행하면 단계를 마무리한다.

활동자료

나는 다른 방식으로 말할 수 있어요.

[Ⅰ] ① 밑줄 친 단어를 큰 소리로 읽는다.
② 밑줄 친 단어를 두 번씩 반복하며 읽는다.
③ 밑줄 친 음절의 소리를 지속하며 읽는다.

(　) 내일은 2학년 전체가 중앙소방서로 견학을 갑니다.

(　) 친구들과 급식실에서 줄을 서서 기다립니다.

(　) 나는 열심히 공부해서 이번 시험을 잘 쳤습니다.

[Ⅱ] ① 밑줄 친 단어 앞에 '어, 아, 음' 등의 소리를 내며 읽는다.
② 밑줄 친 단어를 말하기 전에 소리를 멈추었다가 읽는다.
③ 문장을 읽고 나서, 밑줄 친 단어를 다시 읽는다.

(　) 내일 준비물은 마분지, 가위, 풀, 테이프, 클립, 수수깡입니다.

(　) 요리시간에 샌드위치 만들기를 해서 친구들과 나눠 먹었습니다.

(　) 체육시간에는 운동장에서 줄넘기를 하는데 내가 제일 좋아하는 시간입니다.

MEMO

저자 소개

신명선(Myung Sun Shin)
부산가톨릭대학교 언어청각치료학과 교수

전희숙(Hee Sook Jeon)
루터대학교 언어치료학과 교수

김효정(Hyo Jung Kim)
고신대학교 언어치료학과 교수

장현진(Hyun Jin Chang)
부산가톨릭대학교 언어청각치료학과 교수

말더듬 아동을 위한 유창성 증진 프로그램
Fluency Up Program

2019년 12월 30일 1판 1쇄 발행
2022년 5월 30일 1판 3쇄 발행

지은이 • 신명선 · 전희숙 · 김효정 · 장현진

펴낸이 • 김 진 환
펴낸곳 • (주) 학지사
04031 서울특별시 마포구 양화로 15길 20 마인드월드빌딩 5층
대표전화 • 02) 330-5114 팩스 • 02) 324-2345
등록번호 • 제313-2006-000265호
홈페이지 • http://www.hakjisa.co.kr
페이스북 • https://www.facebook.com/hakjisabook

ISBN 978-89-997-2015-4 93370

정가 17,000원

이 도서의 국립중앙도서관 출판시도서목록(CIP)은 서지정보유통지원시스템 홈페이지(http://seoji.nl.go.kr)와 국가자료공동목록시스템(http://www.nl.go.kr/kolisnet)에서 이용하실 수 있습니다.
(CIP제어번호: CIP2019052766)